Charlotte Hofmann-Hege

Tausend Sterne hat die Nacht

Charlotte Hofmann-Hege

Tausend Sterne hat die Nacht

Ein außergewöhnliches Leben

VERLAG GIESSEN · BASEL

ABCteam-Bücher erscheinen in folgenden Verlagen:
Aussaat Verlag Neukirchen-Vluyn
R. Brockhaus Verlag Wuppertal und Zürich
Brunnen Verlag Gießen und Basel
Christliches Verlagshaus Stuttgart
Oncken Verlag Wuppertal und Kassel

Lizenzausgabe 2000

© Salzer Verlag GmbH, Bietigheim-Bissingen.
Ungekürzte Lizenzausgabe des Brunnen Verlages Gießen mit
freundlicher Genehmigung des Salzer Verlages

Umschlagmotiv: Herbert Pohle, Taunusstein
Umschlaggestaltung: Ralf Simon
Herstellung: Druckerei Ebner, Ulm
ISBN 3-7655-3672-5

Es kommt wohl nur darauf an, ob man dem Fragment unseres Lebens noch ansieht, wie das Ganze eigentlich gedacht und angelegt war. Es gibt schließlich Fragmente, die nur noch auf den Kehrichthaufen gehören, und solche, die bedeutsam sind auf Jahrhunderte hinaus, weil ihre Vollendung nur eine göttliche Sache sein kann. Also Fragmente, die Fragmente sein müssen – ich denke z.B. an die Kunst der Fuge.
Wenn unser Leben auch nur ein entferntester Abglanz eines solchen Fragmentes ist, in dem wenigstens eine kurze Zeitlang die sich immer stärker häufenden verschiedenen Themata zusammenstimmen und in dem der große Kontrapunkt vom Anfang bis zum Ende durchgehalten wird, so daß schließlich nach dem Abbruch höchstens noch der Choral »Vor deinen Thron tret ich hiermit« intoniert werden kann, dann wollen wir uns auch über unser fragmentarisches Leben nicht beklagen, sondern daran sogar froh werden.

Dietrich Bonhoeffer

Der Gast

*Wer vergißt, wirft Erfahrungen
zum Fenster hinaus.*
                Arthur Schopenhauer

Durch die Sommerstille meiner Wohnung tönte die Hausglocke. Ich war nicht überrascht, denn der Besucher hatte sich telefonisch angemeldet, und ich hatte auch schon den Kaffeetisch im Garten gedeckt. Dennoch öffnete ich die Tür mit großer Spannung. Der Unbekannte hatte zwar mit deutlich amerikanischem Akzent seinen Namen genannt und auf meine Frage hinzugefügt, es handle sich um einen mir Bekannten aus früheren Jahren; er wolle aber alles weitere lieber nur mündlich mit mir besprechen. Mehr wußte ich nicht.

Nun stand er vor mir, eine großgewachsene, sportliche Erscheinung mit einem offenen Gesicht und jenem freundlichen Vertrauen, das man oft bei Amerikanern findet. Ich schätzte ihn auf Ende fünfzig, errechnete mir aber später, daß er älter war.

Während des Kaffeetrinkens rückte mein Gast ohne Umschweife mit der ihm wichtigen Angelegenheit heraus. Er sprach ein zwar nicht fehlerfreies, aber gut verständliches Deutsch.

»Meine Mutter ist Leipzigerin«, erklärte er. »Jetzt, nach der deutschen Vereinigung, kann ich leichter in ihre Geburtsstadt reisen, das wollte ich schon lange. In

Leipzig erzählte mir ein Bekannter, daß er in einem Ihrer Bücher auf den Namen »Reinhold Schaad« gestoßen sei. Sie nannten ihn dort einen Freund Ihres Elternhauses. So hoffe ich, durch Sie mehr über ihn zu erfahren.«
»Wirklich?« fragte ich erstaunt. »Es ist heute ein unbekannter Name.«
»Muß man bekannt sein, um als Mensch etwas zu gelten«?
»Ja, manchmal könnte man das wahrhaftig meinen! Es ist übrigens richtig, daß ich Reinhold Schaad schon früh in meinem Elternhaus kennenlernte. Nur wundere ich mich, daß *Ihnen* dieser Name etwas sagt!«
Ruhig, aber ernst blickte er mich an und erwiderte: »Ich bin der junge Amerikaner, der ihn damals überfahren hat. Er war nicht auf der Stelle tot, sondern starb erst nach einigen Tagen, aber das wissen Sie wohl besser als ich!«
Gelassen hielt er mein betroffenes Schweigen aus. Schließlich sagten wir beide unbeabsichtigt gleichzeitig:
»Es geschah am 22. Januar 1946, abends, zwischen Künzelsau und Schwäbisch Hall.«
Er lächelte, ein gewinnendes Lächeln.
»Sehen Sie, wir haben alle beide diesen Unglückstag nicht vergessen. Dabei liegt er ein halbes Jahrhundert zurück.« Während ich Kaffee nachschenkte, fuhr mein Gast fort:
»Manchmal denke ich, die vergehende Zeit läßt vieles eher noch stärker hervortreten. Zuerst meint man, es ist vorbei, und dann ist es doch nicht vorbei.«
»O ja«, bestätigte ich, »das Vergangene greift ständig in

die Gegenwart hinein und baut an unserer Zukunft mit. Wir Deutschen wissen das besonders gut.«

»Ich brachte den Bewußtlosen mit seiner leichter verletzten Schwester sofort ins nächste Krankenhaus«, fuhr er fort. »Dort sagte man mir, es handle sich um einen Blinden – ohne festen Wohnsitz. Ich hielt ihn für einen Invaliden. Das beruhigte mein Gewissen, denn ich war zu schnell gefahren. Aber das Leben lehrte mich, daß der äußere Augenschein nicht viel erkennt. Auch wenn ich es damals noch nicht ahnte, hat der Name Reinhold Schaad mein Wesen irgendwie mitgeprägt. Immer noch träume ich nachts manchmal von der Schrecksekunde jenes schneelosen Januartages, und immer noch höre ich den entsetzlichen Schrei, der das Motorengeräusch übertönte. Wie blitzartig so etwas doch immer geht! – Meine Heimat ist Philadelphia in den USA«, berichtete er weiter. »Damals, im Jahr 1946, war ich knapp neunzehn Jahre alt. Der Zweite Weltkrieg war vorbei, aber wir Amerikaner hielten Deutschland in weiten Teilen besetzt, und da ich das Geburtsland meiner Mutter kennenlernen wollte, meldete ich mich freiwillig dorthin. Es war jedoch schwerer, als ich mir vorgestellt hatte. Der Anblick der zerstörten deutschen Städte erschütterte mich tief. Ja, auch als Sieger kann man sich schuldig fühlen – und man ist es wohl auch irgendwie. Von den Ereignissen im Nazideutschland begriff ich als freier Amerikaner überhaupt nichts. An dem vorhin erwähnten Abend hatte ich mit einem Kameraden nach Schwäbisch Hall zu fahren. Ich freute mich auf die unzerstört gebliebene Stadt – Sie kennen ja unsere amerikanische Schwäche für mittelalterliche Orte –,

und ich nahm einen robusten Jeep, mit dem ich die Serpentinen vom Kochertal auf die Hohenloher Ebene spielend überwand. Ich fuhr gedankenlos, es herrschte ja in jener Zeit auf deutschen Straßen kaum Verkehr. Und schon war das Unglück geschehen: Zwei Leute waren mir in die Fahrbahn gelaufen. Niemand stellte mich zur Rede. Wir waren die Sieger, die alle Rechte besaßen. Nachdem ich erfahren hatte, der Schwerverletzte sei gestorben, sagte ich mir, daß er eben auch zu den vielen Kriegsopfern dieser Jahre gehöre. Erst im Lauf der Zeit merkte ich, wie sehr dieses Geschehen meine weitere Entwicklung beeinflußt hat. Für einen nicht ganz abgestumpften Menschen ist es immer belastend, zu wissen, daß man jemanden getötet hat.«
Der Erzähler unterbrach sich und streifte mit warmem Blick meinen sommerlich blühenden Garten.
»Wie schön kann das Leben sein«, seufzte er, »und wie schwer ist es doch manchmal.« Dann aber setzte er sich entschlossen zurecht: »Ich bin nicht gekommen, damit ich Ihnen von mir erzähle. Nein, ich möchte mehr von jenem Menschen erfahren, dessen Lebensfäden ich so abrupt abgeschnitten habe. Erzählen Sie mir alles, was Sie wissen!«
Dazu war ich gerne bereit. Obwohl Reinhold Schaad keiner von denen war, die ihr Schicksal leicht preisgeben, hat er sich mir einst bei seinen häufigen Besuchen gerne mitgeteilt. Später ergänzte seine Schwester, was er mir nicht zu sagen vermocht hatte.

Wir vergaßen Zeit und Stunde über dem Gespräch im Garten. Ich spürte, wie schöpferisch wirkliches

Zuhören sein kann, denn das aufmerksame Gesicht meines Gastes lockte allerlei Verborgenes aus mir heraus. Als ich geendet hatte, meinte der Besucher:
»Sie sollten dieses Leben nicht nur mir, sondern vielen anderen mitteilen. Das wäre wichtig, und ich denke, es ist Ihre Pflicht.«
»Aber ich bitte Sie! Das ist wirklich alles längst vorbei! Es gibt so vieles, was heute überholt ist!«
Er nickte.
»Gewiß. Unsere Probleme haben andere Dimensionen angenommen. Trotzdem darf das Vergangene nicht tot sein. Schuld, Liebe und Tod, das Gute, das Böse, die Kunst – all das sind zeitlose Themen in unserem Menschsein. Jeder hat sie für sich neu zu entdecken, und es ist unschätzbar, wenn der Lebensweg eines anderen ihm dabei behilflich sein kann. Es ist viel Suchen unter den Menschen, auch wenn es von den sogenannten ›zeitgemäßen Aktualitäten‹ überdeckt wird.
Vorhin haben Sie ein Wort von Reinhold Schaad zitiert, das heute noch genau so stimmt wie damals, als er es formulierte: *Mammon, Muskeln, Maul, Magen und Motoren regieren die Welt!* Unser Menschsein hält mit der technischen Entwicklung nicht recht Schritt, und das Massenzeitalter rollt über die eigentlichen Bedürfnisse und Notwendigkeiten des Einzelnen hinweg. Wir könnten uns dabei schrecklich verirren. Deshalb brauchen wir Gegenkräfte. Der Blick in ein Leben, wie Reinhold Schaad es führte, könnte uns zu fruchtbarem Nachdenken bringen.«
Die eindringlichen Worte meines amerikanischen Besuchers haben mich seither nicht mehr losgelassen,

und so habe ich mich denn an die Schilderung dieses Schicksals herangewagt.

»Es ist ein Lebensweg, den man nur mit großer, innerer Bewegung nennt.« (Clemens Weis.)

Obwohl ich mich sorgfältig an die noch erreichbaren biographischen Daten und den mir von seinen Freunden zur Verfügung gestellten Nachlaß hielt, zeigt sich in diesem Leben doch weit mehr. Nach außen: ein älterer, blinder Mann ohne festen Wohnsitz, ohne Vermögen – aber in Wirklichkeit? *Sehen* will gelernt sein! Erst heute ermesse ich, daß mit Reinhold Schaad etwas vom Seltensten, Kostbarsten von uns ging, was wir besitzen: ein *Mensch*.

Erste Schritte

Wunderbar verwebt, der uns erschuf,
in den bunten Teppich unsres Lebens
lichten Traum und dunkle Wirklichkeit.

Und wir wissen erst beim letzten Ruf:
keinen dieser Fäden wob vergebens
seine Hand in diesen bunten Streifen,
die gemach enträtselnd wir begreifen
erst im Lichte seiner Ewigkeit.

Agnes Miegel

Wann beginnt die Lebensgeschichte eines Menschen?
Bei seiner Geburt ist schon vieles für immer festgelegt: etwa seine äußere und innere Gestalt als Mann oder Frau, genau wie seine Erbanlagen und Begabungen, aus denen sich weitgehend seine Persönlichkeit bildet. Vorgegeben ist sein Elternhaus, die Geschwisterfolge, die durch Jahrhunderte gewachsene Volks- und Religionszugehörigkeit, die Zeitsituation – und nicht zuletzt die moderne Großstadt oder die stille Landschaft, in die man hineingeboren wird. Und jeder Mensch, der dies bereits vorhandene große Umfeld später als Geschenk und nicht als Last anzunehmen vermag, ist ein Bevorzugter.

Beginnen wir mit einem Frühsommerabend des Jahres 1884.

An den Ausläufern des nördlichen Schwarzwaldes liegt das württembergische Dorf Sigmarswangen bei Sulz am Neckar. Anna Barbara Schaad, die schöne Tochter des Landwirts und tüchtigen Gemeinderates Matthias Fischer, stieg die Dorfstraße zum Wald empor.

Ein mühsamer Tag lag hinter der jungen Frau. Sie stand unmittelbar vor ihrer siebten Geburt. Trotzdem wollte sie heute noch den Weg zum Waldrand bezwingen, weil sie mit sich allein sein mußte. Später würde keine Zeit mehr sein. Die Kinder hatte sie bei den Großeltern lassen dürfen: ihr Mann, der Posthalter Schaad, war beruflich unterwegs. Vom Schwarzwald herüber wehte ein leichter Abendwind, das tat ihr wohl. Sonniger Wiesenduft erfüllte die Luft. Als sie, etwas atemlos, oben angekommen war, lag das Dorf bereits im Schatten. Ihr Heimatdorf, das sie liebte.

Die Betglocke begann zu läuten. Anna Barbara hörte sie bewußter als sonst, denn man rechnete am Ende des 19. Jahrhunderts als Mutter oft mit dem Schlimmsten. Die Entdeckung des Kindbettfiebers durch Dr. Ignaz Semmelweis war noch nicht bis zu jeder Dorfhebamme durchgedrungen.

Die Dreiunddreißigjährige pflegte bereits vier Kindergräber auf dem Friedhof, und jedes der Kleinen hatte ein Stück von ihr selbst mitgenommen. Die beiden ältesten Buben waren an der Diphterie gestorben. Dann war das Luisle geboren, inzwischen sieben Jahre alt, ein gesundes, gewissenhaftes Kind, das Freude machte. Der jetzt fünfjährige Jaköble war gutmütig, aber ein wenig schwerfällig und manchmal recht wild.

Vor zwei Jahren schließlich kamen zarte Zwillingsbuben, liebliche Geschöpfe. Man konnte sein Herz an sie verlieren, als sie zu lächeln begannen. Nach anstrengenden, aber glücklichen Wochen starben beide am gleichen Tag. Nun lagen alle vier Buben nebeneinander auf dem Gottesacker.

Damals hatte Anna Barbara gemeint, die Welt ginge unter. Nun, es war Frauenschicksal, niemand außer der Mutter nahm ein »Kindsleichle« ernst. Man mußte allein damit fertig werden. *Er hat deine Tränen gesehen,* so stand in Gottes Wort geschrieben.

»Hättest deine Buben ja doch bloß für Kanonenfutter großgezogen«, sagte damals die Nachbarin auf dem Heimweg vom Friedhof nach der Bestattung der Zwillinge. Sie entstammte dem elsässischen Garnisonstädtchen Zabern. Vor vierzehn Jahren, im Siebzigerkrieg, hatte sie ihren französischen Mann bei der schrecklichen Belagerung von Paris verloren. Das hatte sie den Deutschen nie verziehen.

»Nachbarin«, erwiderte Anna Barbara müde. »Dem Bismarck reicht's übergenug mit seinen drei Kriegen. Wir haben jetzt vollauf mit unserem endlich vereinten Deutschland zu tun. Was meinst, wie lang es dauert, bis Preußen, Schwaben und Bayern sich zusammenfinden? Das Kriegspielen ist für alle Zeiten vorbei.«

»Glaub's nit! Glaub's nit! S'isch arg, d'Weibsleut plage sich ab mit Kinderkriege – und d'Mannsleut schieße ennander dot wie die Mucke!«

Anna Barbara war so erschöpft gewesen, daß sie nichts entgegnen mochte. Ihr eigener Mann war auch im Siebziger Krieg verwundet worden, bei der blutigen

Schlacht von Champigny. Dadurch hatte er die Posthalterei bekommen, außerdem eine gute Kriegsversehrtenrente. Das neue Deutsche Reich sorgte für seine Veteranen, und die Reparationszahlungen der Franzosen halfen dabei.
Die junge Frau strich sich die Haare aus der Stirn und kehrte in die Gegenwart zurück. Was sollten die weit ausholenden Gedanken? Jetzt war eigentlich wieder ein Mädchen dran nach so vielen Buben. Es würde schon alles recht werden. Man hatte seine Pflicht zu tun, die Verborgenheit Gottes auszuhalten und im übrigen zu vertrauen, daß man hindurchfinden werde.
Wahrhaft »guter Hoffnung« ging sie mit zuversichtlichen Schritten wieder ins Dorf hinab. Und am anderen Tag, dem 12. Juni 1884, schenkte sie einem gesunden Jungen das Leben.
Während der Ratsschreiber mit sorgfältiger Schrift den Vornamen »Reinhold« ins Geburtsregister eintrug, wünschte der anmeldende Vater seinem Buben in Gedanken das Beste, was er selbst sich vorstellen konnte: einen rechtschaffenen Beruf in einem Land, das Frieden hielt, harmonische Sonntage in einem schmucken Häuschen an der Seite einer umgänglichen Frau wie sein Annebäbele, ein paar gedeihliche Kinder und später fröhliche Enkel auf den Knien.
Elternträume...

Der kleine Reinhold entwickelte sich von Anfang an prächtig. Er wurde zu einer Quelle der Freude für Eltern und Geschwister. Schon nach wenigen Wochen breitete sich ein schelmisches Lächeln über sein hübsches Gesichtchen, und die großen, strahlend blauen Augen blickten aufmerksam aus der Wiege heraus.

Als das Bürschlein zu laufen anfing, war seine ungestüme Lebensfreude kaum zu bändigen. Mit einem riesigen Stecken stürmte er Hühnern und Gänsen nach, und wenn das Luisle von der Schule heimkam, lief er ihr jubelnd in die Arme. Sein pfiffiger Charme bezauberte alle Nachbarn, samt den Großeltern, und die Mutter fürchtete bisweilen, er könnte ein recht verwöhnter Nestkegel werden. Aber er war gut veranlagt und besaß viel Phantasie, so daß man ihn ohne Sorgen gewähren lassen konnte.

»Meine ersten schwachen Erinnerungen gehören einer wunderbaren Dorfkindheit«, erzählte Reinhold später. *»Ich liebte alles Lebendige, Tiere und Blumen, Wasser und Sonnenlicht! Sommerwiesen, Wald und Wolken, Bach und Baumgärten gehörten in meine ersten Spiele. Noch gab es keine Autos auf dem Dorf. Nun, auch an Streitereien mit dem fünf Jahre älteren Bruder Jakob erinnere ich mich. Bruderstreit ist so alt wie die Menschheitsgeschichte seit Kain und Abel...«*

Als Reinhold drei Jahre alt war, wurde der Vater an die Oberpostdirektion nach Stuttgart versetzt. Er ging zunächst allein voraus in die Stadt. Später, nachdem eine brauchbare Wohnung gefunden war, folgte die Familie nach.

»O Fürstin der Heimat«, singt Hölderlin, *»glückliches Stuttgart! Nimm freundlich den Fremden mir auf!«*

Würde die Umstellung vom Land in die Stadt gelingen?

Mit der »Königlich Württembergischen Staatseisenbahn« durfte Reinhold seine erste Reise antreten. Es war ein mächtiges Ereignis für den kleinen Mann. Für ihn war der Umzug nicht schwierig, es gab viel Neues zu bestaunen. Für die Schulkinder Jakob und Luise wurde es nicht so leicht. Sie mußten sich erst an die gewandtere Art der Mitschüler gewöhnen. Aber die Mutter Anna Barbara, anpassungsfähig, wußte sich bald in die anders gearteten Verhältnisse zu schicken. In der Stuttgarter Ludwigsstraße Nr. fünfzehn wurde es rasch auch ohne Tiere und Gärten heimelig. Alle Familienmitglieder genossen die neu gelegte Wasserleitung in ihrer Küche und die helle Gasbeleuchtung in der Wohnstube. Ja, die Stadt hatte viele Vorteile trotz mancher Heimwehstunden. Das Einkaufen in den schönen Läden gelang jedesmal zu einem Fest. Hausbewohner und Nachbarn grüßten freundlich und halfen willig beim Einleben. Reinhold hatte im Handumdrehen alle Herzen erobert.
Die württembergische Landeshauptstadt zu jener Zeit war eine zwar bescheidene, aber immerhin königliche Residenz. Im Jahr 1888, als die Familie Schaad nach Stuttgart kam, regierten dort König Karl und Königin Olga. Die Königin, eine russische Zarentochter und Enkelin der einst vielgeliebten Königin Luise von Preußen, hatte die Schönheit der Großmutter geerbt. Man schrieb das Dreikaiserjahr, und Reinhold erinnerte sich noch an den Antrittsbesuch des jungen Kaisers Wilhelm II, der freilich von den Stuttgartern sehr zurückhaltend empfangen wurde, denn sie waren Schwaben und keine Preußen. Das wichtigste für den

kleinen Jungen war ein Papierfähnchen, das er stolz durch die Straßen trug.

An den Sonntagen machte der Vater reizvolle Ausflüge mit seinen beiden Buben, etwa auf die Solitude, nach Hohenheim oder nach Ludwigsburg. Im Winter ging er mit ihnen auf den Schloßplatz oder zum (alten) Hauptbahnhof, wo sie die Lokomotiven auf einer Drehscheibe bestaunen konnten. Wenn die drei nach solch einem »Bubensonntag« nach Hause kamen, fiel der Mutter auf, daß der Vater sehr erschöpft wirkte. Nun, Kinder waren eben anstrengend. Oder machte ihm seine Verwundung doch mehr zu schaffen, als er sich und anderen eingestehen wollte?
Das eindrücklichste Erlebnis für den kleinen Reinhold war das Karussellfahren auf dem Cannstatter Volksfest. Welche Wonne, auf dem weißlackierten Holzpferd zu reiten und sich nach der Musik im Kreis zu drehen! Didel – dudel –, didel – dudel! Der Vater stand draußen neben dem Karussell, und bei jeder Wiederkehr nickte er seinem glücklichen Bübchen freundlich zu. Dieses Bild hat sich tief in Reinholds Erinnerung gesenkt. Fern und blaß erschien des Vaters gutes Gesicht. Wie ein Traum wirkte das sanfte Vorübergleiten, das Sich-Begegnen und Entschwinden, während Farben und Klänge in einem seligen Schwindel verschwammen.

Kurze Zeit später erlitt der Neununddreißigjährige ganz plötzlich einen tödlichen Herzanfall.
»Mein Annebäbele, meine Kinder«, flüsterte er, »nun muß ich euch allein lassen.«

Er wurde, nach Luises Aussage, als einer der letzten auf dem großen, schönen Hoppenlaufriedhof mitten in Stuttgart bestattet.

Lange Tage

*Ich bin in die Welt gekommen,
damit die Blinden sehend
und die Sehenden blind werden.*

Joh. 9, 39

Verstand Reinhold etwas von dem ungeheuren Einbruch in das Leben seiner Familie? Noch war er zu klein. Zwar suchte er ab und zu den Vater, und ein ihm unerklärliches Weh ließ ihn fragend zur Mutter aufsehen: »Wo ist Papa?« Er bemerkte auch die schwarze Zopfschleife in Luises Locken und rieb seine Nase in Mutters neue schwarzgestreifte Schürze. Aber die Gestalt des Vaters entfernte sich bald ganz aus seinem Leben. Auch Jakob begriff nicht viel. Luise aber trauerte tief, und das frühe Erleben des so unvermittelt in ihr Kinderdasein eingetretenen Todes hinterließ bleibende Spuren. Die Zwölfjährige war reifer als ihre Jahre und wurde der Mutter in dieser Zeit zu einer Art Freundin.
Während der Nächte, in denen Anna Barbara wach lag, rettete sie sich wie eine Ertrinkende in die Vorstellung, wieder zurückzukehren in ihr Heimatdorf. Ach, sie war ein Kind der Freiheit, der Sommerwiesen und der stillen Wälder – was sollte sie in einer Stadtwohnung? Diese Träume richteten sie auf eine Zukunft hin aus und waren tröstlich. Sie erinnerte sich an zwei Schulfreundinnen, die Kriegerwitwen geworden

waren. Jetzt erst entdeckte sie, wieviel sie ihnen schuldig geblieben war. Im Dorf daheim würde sie bei ihnen Anschluß und Verständnis finden. Einstweilen wollte sie tapfer sein und ihre Trauer nicht auf die Kinder übertragen; sie brauchten Unbeschwertheit und Freude zum Gedeihen.

Doch nicht immer gestattet der Gang des Lebens die Erfüllung unserer Pläne. Und eines Tages entdeckt man, daß es anders besser war.

Die beiden Buben ahnten nichts von den Erwägungen der Mutter. Ihnen gefiel es ausnehmend gut in der aufblühenden Stadt. Handel und Gewerbe belebten sich, eine rege Bautätigkeit setzte ein. Man sprach nicht umsonst von »Jugendstil« und »Gründerzeit«. Für die unternehmungslustigen Jungen in der Ludwigstraße gestalteten sich die Tage recht abwechslungsreich. Überall wuchsen Baustellen empor, auf denen sich waghalsig umherklettern ließ.

Damals wurde auch an Samstagen gearbeitet, jedoch war zeitiger Schluß als an gewöhnlichen Werktagen. An lauen Frühlingsabenden begann nun die Zeit der Kinder. Der in der Nähe wohnende Bauführer Martin hatte trotz seiner Verbotstafeln keinen ruhigen Sonntag mehr. In seiner Kinderliebe empfand er Verständnis für die in ihrer Bewegungsfreiheit mehr und mehr eingeengten Großstadtkinder. Aber immer wieder mußte er sie in ihre Grenzen verweisen.

Den inzwischen knapp sechsjährigen, oft etwas draufgängerischen Reinhold hatte der junge Herr Martin besonders ins Herz geschlossen. Es war nicht nur Pflichtbewußtsein, das ihn abends noch zu den Kin-

dern zog. Dann setzte er sich mit Reinhold auf den Bretterstoß, und sie plauderten miteinander, wobei Herr Martin den Kleinen ganz ernst nahm.
»Ich werd' auch mal Bauführer«, sagte Reinhold dann. »Ich baue Häuser und Gärten und Springbrunnen mit einer kleinen Eisenbahn auf dem Rasen. Aber ich will auch anderes werden.«
»Was denn, Reinhold?«
»Lokomotivführer. Oder Maler – mit vielen Farben. Oder Pferdekutscher. Oder Kaufmann. Ich will ganz viel werden. Und dann möchte ich nach Afrika zu den Löwen und –«
»Das kannst du nicht alles schaffen, Reinhold. Aber ich glaube ganz bestimmt, daß etwas Tüchtiges aus dir wird. Man kann manches, wenn man wirklich will. Und jetzt kommst du ja bald zur Schule, da gibt es viel zu lernen.«
Nicht weit vom Bretterstoß stand ein Bottich mit halb gelöschtem Kalk, den man damals beim Bauen brauchte.
»Versprecht mir, daß ihr den Bottich nicht anrührt«, rief Herr Martin an einem Samstagabend energisch und pfiff das Jaköble zurück, das nahe ans Faß herangekommen war. »Ätzkalk ist gefährlich! Wenn er an eure Kleider kommt oder an eure Haut, brennt er Löcher hinein.« Schließlich mahnte er: »Geht nach Hause, Kinder. Spielt etwas anderes! Seht, die Mutter Schaad steht oben am Küchenfenster und wartet auf euch!«
Hätte er nicht so viel warnen sollen? Verbotene Dinge reizen. Er strich dem kleinen Reinhold nochmals über die dunkelblonden Locken und empfing einen unver-

geßlichen Blick aus den leuchtenden Kinderaugen. Dann ging er zögernd nach Hause, nicht ohne sich mehrmals umzusehen, mit dem Zeigefinger zu drohen und sich zu vergewissern, daß die Mutter vom Fenster des dritten Stockes ein Auge auf die Kinder warf.

So viele wachsame Augen! Aber das Schicksal nahm seinen Lauf. Jakob und Reinhold kreisten erneut um den Bottich, stritten miteinander und hielten ihr Ohr an das hölzerne Faß, um den merkwürdigen Geräuschen des brodelnden Kalks zu lauschen. Jakob montierte den Deckel ab.

»Laß das!« rief die Mutter heftig, nahm ihre Schürze ab und eilte nach unten. Aber da war es bereits geschehen: Der große Bruder hatte eine Kelle ergriffen und fuhr damit in den Kalk. Und schon saß dem Kleinen die schäumende, ätzende Masse mitten im Gesicht und in den Augen.

Blitzartig erfaßte die Mutter den Ernst der Situation, raste mit dem brüllenden Jungen im Arm wie besessen zur nächsten Straßenbahn, um ihn sofort ins nahe, ihr bekannte Stuttgarter Diakonissenkrankenhaus in der Rosenbergstraße zu bringen.

»Ich erinnere mich an die weißen Punkte auf Mutters dunkelblauer Bluse«, erzählte Reinhold später. *»In meinen irrsinnigen Schmerzen riß ich sie in Fetzen. Ich fühle noch das Blut auf meinen Lippen, das aus ihrem zerkratzten Hals drang. In meiner Verzweiflung rieb ich mir vermutlich den ätzenden Kalk erst recht in die höllisch brennenden Augen. Dann wurde es dunkel um mich. Ich muß das Bewußtsein verloren haben.«*

Samstagabend in einer Klinik des ausgehenden 19. Jahrhunderts. Der Chefarzt war bereits weggegangen. Telefone waren selten. Der vertretende Oberarzt gab sich alle erdenkliche Mühe, verabreichte Beruhigungsmittel, säuberte sorgfältig die Verätzungen im Gesicht, in den Haaren, an den Armen und auf der Brust. Behutsam wusch er die Augen aus. Aber die Medizin steckte, im Vergleich zu heute, in den Kinderschuhen.

Betäubt von Schmerzen und Verzweiflung schlief Reinhold den ganzen Sonntag hindurch. Die Mutter kam und ging leise. Vor den Fenstern blühte der erste Sommer. Sein Glanz schmerzte in den Augen. Um sich abzulenken, versuchte sie, Reinholds kalkzerfressene Bubenhosen wieder instand zu setzen. Mit viel Mühe und Sorgfalt hatte sie vor kurzem aus Vaters Kleidern ein Anzügle für ihren Buben gefertigt. Doch es war zerstört und mußte zu den Lumpen. Was blieb davon? Die Liebe bleibt, dachte sie, mit der sie genäht worden sind...

Am Montagmorgen wurde Reinhold sofort in die Augenklinik gebracht. Der dortige Chefarzt schritt unverzüglich zur Operation. Anschließend war es für Ärzte und Pflegekräfte eine fast unmögliche Aufgabe, dem noch nicht einmal sechsjährigen Jungen klarzumachen, er müsse nun ruhig liegen, viele Tage lang. Er dürfe die verbundenen Augen nicht berühren. Die Binden könne man erst abnehmen, wenn die Wunden verheilt wären.

Wie lange mag der Krankenhausaufenthalt gedauert haben? Darauf gab Reinhold eine klare Antwort:

»65 Tage und 65 Nächte. Es war die längste Zeit meines Lebens, in manchem wohl auch die schwerste, denn es gab unheimlich viel zu lernen. Ich war noch unverständig und mußte zuerst festgebunden werden, damit genügend Ruhestellung gewährleistet war.«

Die Mutter durfte zwar jeden Tag kommen und stumm ihr Kind betrachten. Mehr jedoch schien den Ärzten und Schwestern im Blick auf die innere Erregung des Jungen nicht erlaubt. Auch die Psychologie steckte noch in den Anfängen.
Am bittersten empfand der Kleine jenen Nachmittag, als er durch die einen Spalt weit offengebliebene Tür die Mutter im Flur leise mit dem Arzt reden hörte.
»Mutter, Mutter«, schrie er in herzzerreißendem Schmerz, so daß der Chef erschrocken herbeistürzte. Das Kind war völlig verzweifelt. Hier mußte geholfen werden. So veranlaßte der Chefarzt etwas Besonderes: er stellte eine junge Diakonisse für den Kleinen frei. Mit Schwester Else, einer warmherzigen, klugen Bauerntochter von der Schwäbischen Alb, gelang ihm ein Glücksgriff.
Es erinnerte ein wenig an jenen Glücksfall in den USA, wo die junge Lehrerin Anne Sullivan einem kleinen Mädchen namens Helen Keller zu neuem Leben verhalf. Helen, vier Jahre älter als Reinhold, war als zweijähriges Kind durch eine schwere Erkrankung blind und taub geworden. Die beiden Schicksalsgenossen sind einander später in Berlin begegnet. Reinhold hat durch Helen Kellers lebensbejahende Bücher viel Ermutigung empfangen.

Schwester Else gewann sofort eine tiefe Zuneigung zu dem leidenden Buben. Und Liebe ist erfinderisch. Sobald Reinhold seine Ärmchen wieder bewegen durfte, zeigte sie ihm das »Zehnäugleinspiel«, indem sie Reinholds geschickte Finger zum Betasten und Fühlen einsetzte. *In den Fingerspitzen wohnt die Seele,* sagt ein griechisches Sprichwort, und die Schwester wußte die gesunde Neugier des Kindes auszunützen. Sie brachte kleine Flicken aus Seide, Wolle, Samt oder Leinen, und er fand die richtigen Bezeichnungen sehr flink. Sie sammelte Blätter von Eichen, Linden, Buchen oder Birken, und das Kind jubelte hell, wenn es die richtigen Namen erraten hatte. Sie sang ihm Lieder vor und war beglückt über seine musikalische Begabung. Sie erzählte ihm Geschichten und Märchen, prägte ihm Kinderreime ein, ließ ihn Gerüche unterscheiden und ahmte Tierstimmen nach. Dazwischen durfte er ihren Wollknäuel halten, wenn sie an einer Jacke für ihre Mitschwester strickte.
»Was hat die Jacke für eine Farbe, Schwester Else?«
»Schwarz; Diakonissen tragen schwarze Jacken.«
»Ach, immer ist alles schwarz«, seufzte der Kleine. »Immer ist es so dunkel unter meinem Verband. Wann ist es Tag? Wann ist es Nacht? Ich weiß es nicht.«
Und dann kam er mit seinen Fragen:
»Schwester Else, wann darf ich die Mutter wiedersehen? Wann darf ich durch Wald und Wiesen sausen? Ach, ich halte es nicht mehr aus mit dem vielen Liegen.«
»Kann ich an Weihnachten den Christbaum sehen, Schwester Else?«

Die Schwester war vom Arzt unterrichtet worden, daß man mit dem Wiedererlangen der Sehkraft nicht zu optimistisch sein dürfe, obwohl man sich trotzdem einiges erhoffe.
»Du wirst in jedem Fall sehen lernen, Reinhold. Vielleicht ein wenig anders als vorher. Aber schon jetzt erfassen deine »Zehnäuglein« vieles genauer als manche Leute mit gesunden Augen. Du hörst inzwischen Geräusche und bemerkst Gerüche, die wir anderen überhaupt nicht wahrnehmen.«
Kinder sind wunderbare Wesen. Unter Schwester Elses Fürsorge lernte Reinhold, jedem Tag eine aufregende Neuigkeit abzugewinnen, die er als Sehender überhaupt nicht bemerkt hätte.

Anna Barbara durchlebte inzwischen unruhige Tage. Nur verhalten hatte der Arzt den Ernst der Lage angedeutet. Aber sie hatte die heimlichen Schwingungen in seiner Stimme sehr wohl wahrgenommen. Wie, wenn sie von nun an ein blindes Kind hätte? Damals galten Blinde noch als Krüppel. Ihr strahlendes, begabtes Bübchen!
Auch das Jaköble machte Sorgen. Er hatte seine Strafe bekommen, irgendwie aber einen Schock davongetragen. Doch weder Luise noch die Mutter konnten ihre Bitterkeit gegen den jetzt besonders schwierigen Jungen überwinden. Das spürte er, und so wurde er erst recht verstockt.
Anna Barbaras innere Kraft war durch Übung stark geworden. Sie war dankbar, gesund und ohne größere Existenzsorgen zu sein. Das Luisle entwickelte sich erfreulich, die Hausbewohner nahmen verständnis-

vollen Anteil. Ja, sie wollte ihrem kleinen Reinhold helfen, mit seinem Geschick, dem Ge-schick-ten, zurechtzukommen. Und vielleicht ging doch noch alles glimpflich ab.

Endlich, endlich trat eines Morgens der Chefarzt ein, klatschte in die Hände und rief:
»Reinhold, heute nehmen wir deine Binden ab. Die Mutter wird dabei sein und darf von jetzt an jeden Tag zu dir kommen. Du warst brav und hast nirgends an deinen Wunden gekratzt, sie sind an den Armen und im Gesicht überall schön verheilt. Und ab Mittag darfst du dich dann auch wieder nach Herzenslust bewegen!«
Der Kleine war ausgelassen vor Freude, setzte sich Schwester Elses Haube auf und sah sehr süß darin aus. »Heute abend werde ich mich im Spiegel betrachten«, jubelte er, »dann bin ich die reine, holde Schwester Reinholdine.«
»Vorher mußt du mir aber trotzdem nochmals meine Haube geben. Ich kann doch vor den Patienten nicht ohne Haube erscheinen! Nein, mein Lieber, du hast sie mir heruntergeholt, du kannst sie mir auch wieder ganz richtig aufsetzen!« Dann trat Schwester Else vor den Spiegel, um sich vollends in Ordnung zu bringen. Ob er sein eigenes Spiegelbild je wieder sehen wird? dachte sie. Und es war ihr so schwer zumut, als wäre Reinhold ihr eigenes Kind.

Blinde Kuh

*Noch immer waren die Leidenden
die eigentlichen Beweger der Welt.*
　　　　　　Manfred Hausmann

Am Nachmittag öffnete sich die Tür des Krankenzimmers rascher als sonst. Reinhold bemerkte es sofort. Und schon spürte er den Duft von Mutters Sonntagskleid an seinem Gesicht, fühlte ihre Hände und empfing ihre Liebkosungen.
»Mutter, o Mutter!« Dieses eine Wort umfaßte ein Meer durchlittener Not. Doch nun sollte alles, so hofften Ärzte und Schwestern, zu einem brauchbaren Ende kommen.
Vorsichtig löste der Chefarzt die Binde von den Augen. Ja, die geschlossenen Lider waren schön verheilt und zeigten Leben.
»Versuch jetzt, die Augen zu öffnen, Reinhold!«
Sehr mühsam gingen die Lider hoch. Aber welch schreckliche Höhlen starrten den Umstehenden entgegen! Auf einen vorgehaltenen Spiegel zeigte der Junge keine Reaktion.
Der Mutter wurden die Knie weich, sie begann zu wanken, und es war gut, daß die darauf gefaßte Schwester Else sie auffing.
Nein, da war nichts mehr zu machen.
Dem Kind wurde die Tragik des Augenblicks kaum bewußt. Es war wie verzaubert, daß die Mutter bei

ihm war und schmauste vergnügt ihre mitgebrachten Köstlichkeiten. An die Dunkelheit schien es bereits gewöhnt.

»Du darfst dich jetzt wieder bewegen, wie du willst«, sagte Schwester Else. »Nein, auf die Füße kannst du noch nicht, du hast zu lange gelegen. Das probieren wir morgen zusammen!«

»Was ist denn mit euch los?« rief der Junge belustigt. »Habt ihr plötzlich alle miteinander Schnupfen gekriegt, weil ihr euch dauernd schneuzt? Mutter, danke, danke für das Plüschbärchen!« Er lächelte selig.

Ehe Anna Barbara mit immer noch zitternden Knien das Krankenhaus verlassen wollte, bat der Chefarzt sie in sein Sprechzimmer. Auch er war enttäuscht.

»Wir können die Augen nicht offen lassen«, sagte er schließlich, »es sieht zu häßlich aus. Mit der Erfindung von Glasaugen sind wir noch nicht weit genug, sie würden dem Kind eher lästig. Wir müssen die Lider über die Höhlen ziehen und zunähen, damit sie anwachsen. Einen Spalt lassen wir offen für die Tränenflüssigkeit. Wir brauchen noch etwas Zeit; außerdem muß Reinhold erst wieder ganz sicher gehen lernen. Doch dürfen Sie nun jeden Tag kommen und bei ihm sein.«

Er schwieg. Wollte er noch etwas sagen? Würde er es über die Lippen bringen?

»Liebe Frau Schaad, Sie haben nun ein blindes Kind«, begann er vorsichtig. »Damit muß Ihre ganze Familie leben lernen. Aber mit der Blindheit fällt nur ein einziger Sinn aus, die anderen Sinne schärfen sich. Zugegeben, die Augen sind ein sehr wichtiges Organ, und wir leben in einer Welt von Augenmenschen, aber

Reinhold ist begabt und harmonisch veranlagt, er wird sich zurechtfinden, zumal seine Bilder in ihm aufbewahrt sind. Er träumt auch in Bildern, er hat mir davon erzählt. Ich kann mir vorstellen, daß er manch unsichtbarem Geheimnis näherkommt als wir. Die Welt des Unsichtbaren ist größer, als wir ahnen. Wir stehen seit der Entdeckung vieler technischer Möglichkeiten vor einem neuen Zeitalter, von dem wir noch nicht wissen, wohin es uns führt. Vielleicht lassen wir uns von den kommenden Bilderfluten berauschen. Da könnte ein Mensch, der im Erfassen die leise Liebe aller Dinge spürt, wichtig für uns werden.« Wieder versank er in nachdenkliches Schweigen. Dann fuhr er fort: »Darf ich Sie heute schon bitten, den Jungen weder zu schonen noch zu verwöhnen? Ich weiß, die Versuchung ist groß. Aber die Welt ist unbarmherzig mit allem Andersartigen, Unschönen, Behinderten. Wir Menschen werden leider nicht schon menschlich, human, geboren; es geht sozusagen gegen unsere Natur. Wenn man Reinhold alle Schwierigkeiten aus dem Weg räumt, ist er den auf ihn zukommenden Härten nicht gewachsen. Im übrigen gibt es gerade hier in Stuttgart eine hervorragend geführte Blindenschule, die Nikolauspflege, die auf manche Berufsmöglichkeiten sehr individuell vorbereitet. Lassen Sie sich trotz allem Mut machen!«

Die zweite Operation war nicht schlimm. Reinhold war vernünftig, er hatte in der langen Zeit des Stillliegens und unter Schwester Elses Anleitung spürbar an Reife gewonnen. Die Augenlider heilten schnell, er gewöhnte sich rasch daran, sie nicht mehr öffnen zu können. Die Menschen seiner Umgebung ließen ihn fühlen, daß er etwas Besonderes sei, und das gefiel ihm. Bald stand er auch wieder stramm auf seinen dünn gewordenen Beinchen und machte erstaunliche Fortschritte im Umgang mit seiner Blindheit. Schwester Else versteckte sich manchmal im Flur, und er jauchzte laut, wenn er sie gefunden hatte. Sein befreiendes Bubenlachen drang in die Zimmer der Mitpatienten, die beschämt darüber nachdachten, daß sie mit ihrem viel geringeren Leiden wesentlich ungeduldiger umgingen. Der kleine Junge tat, ohne daß er es ahnte, manchem Kranken einen wichtigen Dienst.

Schließlich kam die Stunde, in der er an der Hand der Mutter nach Hause entlassen werden konnte. (Da die Sommerferien noch nicht zu Ende waren, hatte man über die Zeit seines Heimkommens das Jaköble zu den Großeltern nach Sigmarswangen gegeben, es schien der Mutter besser so).

Für Schwester Else wurde es ein schwerer Tag.

»Leb wohl, Reinhold«, sagte sie tapfer, »aus dir könnt' was Recht's werde! Du hasch'e fein's Gmüt und en starke Wille!«

Reinhold verabschiedete sich liebenswürdig, aber ohne tieferen Schmerz, er drängte jetzt nach Hause. Doch die Mutter erfaßte den Kampf mit den Tränen in dem gütigen Gesicht:

»Besuchen Sie uns bald. Wir haben Ihnen viel zu danken. Sie möchten doch gewiß erfahren, wie Reinhold sich zurechtfindet, nicht wahr?«

Die Schwester nickte stumm, trotz aller Beherrschung stiegen ihr Tränen hoch. So gute, ausdrucksvolle

Augen wie seine Mutter mag der kleine Junge auch einmal gehabt haben, dachte sie.

Mit der Mutter schritt er nun hinaus in die ungeschützte Welt der Gesunden. Daß mancher mitleidige Blick die liebliche Frau in Witwenkleidung streifte, merkte er nicht. Und Anna Barbara spürte erstmals, wie weh Mitleid tun kann. Am liebsten hätte sie sich versteckt.
»Ermutigung sollte ich bekommen und kein Mitleid«, seufzte sie unhörbar.
Reinhold aber war voller Neugier und Beobachtungsfreude. Wie lustig war es, die Unebenheiten des Straßenpflasters zu entdecken, das Pferdegetrappel schon von weitem zu hören und die Roßbollen zu riechen! Das Schönste aber war, die Mutter neben sich zu spüren, die ihren Arm fest um ihn gelegt hielt, so daß er ohne größere Unsicherheit einen Schritt um den anderen tun konnte.
Bei der Heimfahrt mit der Straßenbahn gab es weitere Lektionen zu lernen. Eine unsichtbare Mauer schien sich um die beiden zu bilden. Die Gespräche verstummten. Verstohlene Blicke gingen hin und her.
»Daß man uns in einem öffentlichen Verkehrsmittel so etwas zumutet!« hörte Reinhold ganz nahe eine ältere Damenstimme empört murmeln.
Er verstand den Zusammenhang sofort, aber er war viel zu glücklich, um sich darüber zu ärgern.
»Weil ich nicht sehen kann, denkst du, ich wäre auch taub oder sonst nicht recht im Kopf!« rief er. »Aber ich habe dich genau gehört. Ich rieche dein Parfüm und

deine lederne Handtasche! Ich kenne deine Stimme und ich kann mir gut vorstellen, wie eine alte Schachtel aussieht!«

»Nicht frech werden, Reinhold«, wehrte die Mutter erschrocken, obwohl sie tief verletzt war. Aber die Leute lachten, plötzlich waren sie alle auf der Seite des Kindes, und die Atmosphäre entkrampfte sich.

Die geölte Holztreppe zum dritten Stock in der Ludwigstraße fand der Kleine fast allein hinauf.
»O, es riecht nach daheim!« jubelte er. »Jede Stufe hat ihre eigene Musik, ich weiß genau, wo ich bin. Nein Mutter, laß *mich* die Glocke ziehen!«
Der Duft von frisch gebackenem Kuchen drang durch die sich öffnende Tür, und schon fühlte er Luises schlanke Mädchenarme an seinem Hals. Mit behutsamen, aber immer sicherer werdenden Bewegungen ging er auf Entdeckungsreise in der ganzen Wohnung. Rasch fand er seine Spielsachen, und auch ohne den strahlenden Ausdruck seiner Augen breitete sich seine Wiedersehensfreude auf alle Gegenstände des Zimmers aus.
Es läutete, und Reinhold sprang flink zur Tür. Draußen stand der Bauführer Martin und brachte eine große Mundharmonika mit. Seine Erschütterung meisternd, zog er den Kleinen an sich. Noch am gleichen Abend erlebte er, wie das Kind alle ihm bekannten Melodien zusammensuchte. Das Lied *»Der Mond ist aufgegangen...«* hatte er bei Schwester Else gelernt. Getröstet summte die Mutter in der Küche die dritte Strophe mit.

»Seht ihr den Mond dort stehen?
Er ist nur halb zu sehen
und ist doch rund und schön.
So sind wohl manche Sachen,
die wir getrost belachen,
weil unsre Augen sie nicht sehn.«

»Weißt du, was ich denk', Mutter?« meinte Luise. »Wenn die Nacht nicht wäre, würden wir gar keine Sterne sehen. Und so sieht Reinhold vielleicht manches, das wir gar nicht bemerken. Ich freu' mich so sehr, daß er wieder bei uns ist.«
Bald turnte der kleine Mann wie eh und je im Treppenhaus herum, und niemand wehrte ihm. Mit feinem Gespür erfaßte er, daß er den etwas unsicher gewordenen Leuten seiner Umgebung entgegenkommen müsse. Unbewußt wehrte er sich gegen Schonhaltungen und liebevolle Ungerechtigkeiten, die er sofort durchschaute. Warum sollte man ihn bedauern? Täglich gab es viel Wunderbares zu entdecken.
Die Hausbewohner unterhielten sich gerne mit dem inzwischen altklug gewordenen Kerlchen, und sie duldeten lächelnd seine kleinen Streiche, die er immer wieder gegen sie im Schilde führte. Ja, die Erwachsenen waren schon recht. Aber die Kinder!
Es war ja nicht zu verhindern, daß Reinhold eines Tages die schwere Haustür öffnete, um das Wetter zu »riechen«, wie er sagte. Bald unterschied er auch die Stimmen seiner Spielkameraden.
»He, Bernhard, Rudi, Wilhelm, ich bin vom Krankenhaus zurück. Kommt mal her!«
Ihre Stimmen waren ganz nahe, verstummten plötz-

lich und waren aus der Entfernung bald nicht mehr zu hören.

»Was ist los? Ihr braucht nicht zu erschrecken, ich höre euch gut!«

Die Stimmen klangen weit fort.

»Du bist ein Krüppel«, schrie einer. »Wir wollen nimmer mit dir spielen!«

»Blinde Kuh! blinde Kuh!« äfften sie ihn alle drei. Er hörte ihre Schritte verhallen. Kinder können grausam sein.

Es kostete viele Tränen. Schließlich kam die Mutter auf den Gedanken, die Eltern der Buben zu sich einzuladen und mit ihnen mutig die Angelegenheit zu besprechen.

»Wie wenig Hilfe bekommt man doch von außen«, sagte sie abends zu Luise. »Die Mütter waren alle so gehemmt!«

Aber danach wurde es tatsächlich besser. Einige Kinder holten den blinden Buben von nun an immer einmal ab, führten ihn ins Freie und überlegten sich Spiele, bei denen er die gleichen Chancen hatte. Das Fangspiel »Blinde Kuh« wurde bald sein Lieblingsspiel, darin war er unschlagbar. Er fand wirkliche Kameraden, auch wenn es andere Kinder waren als seine früheren Freunde. Mit ihm zusammen reiften sie in ihrer Hilfsbereitschaft.

Und wie verhielt sich das Jaköble, der Unglücksrabe?

Er konnte nicht wissen, welch verheerende Folgen sein Übermut gehabt hatte. Sowohl von Reinhold als auch von seiner Schwester war später in einem nachfassenden Gespräch nichts zu erfahren. Beide lenkten

sofort ab. Es war, als berühre man unverheilte Wunden. Es gab nach Jaköbles Rückkehr aus den Ferien natürlich genug Möglichkeiten, einiges falsch zu machen. Offensichtlich ist dies geschehen, vor allem von Luises Seite.
Er war immer der Zweite, ich immer der Erste, schrieb Reinhold einmal. Wie mag Jaköble die stummen Selbstvorwürfe beim Anblick des entstellten Bruders verkraftet haben? Verburgt ist, daß er das Elternhaus so früh wie nur möglich verließ.

Es gibt eine Novelle von Reinhold Schaad, die er unter dem Titel *»Und vergib uns unsere Schuld«* in einer Erzählerbeilage der von Hans Reying herausgegebenen Zeitschrift *»Die Brunnenstube«* veröffentlicht hat (Nr. 35/1936). Dort schildert er verfremdet den Hergang des Unglücks und seine spätere innere Wandlung im Blick auf den früher verhaßten Bruder. Er schreibt dort von dessen Auswanderung nach Amerika.
Ob dies auf Jakob zutrifft? Oder ist er im Ersten Weltkrieg gefallen? Wir müssen uns an dieser Stelle mit unzureichendem Wissen begnügen, ahnen aber, daß auch Jakobs Leben durch einen einzigen unbedachten Handgriff schmerzlich geprägt wurde. Wie viele Leidensgenossen auf der ganzen Welt mag er haben?
Mir tut es weh, wenn ich an ihn denke, schreibt Reinhold in seiner Novelle.
Wie er für sich selbst dieses Geschehnis später verarbeitet hat, zeigt ein Gedicht von ihm, das er mit *Schicksal* überschrieben hat:

Wer hätte nicht erfahren, daß im Leben
die Dinge gehen, wie sie gehen müssen!
Wehrst du dich auch mit Händen und mit Füssen,
dem Schicksal eine and're Bahn zu geben,
so führt herbei genau dies Widerstreben,
was abzuwenden du dich heiß beflissen.
Umsonst bleibt all dein Sorgen und Beschließen.

Doch schrecke nicht zurück vor dieser Wahrheit;
sie ist nur bitter an der Oberfläche.
Leerst du den Becher aber bis zum Grunde,
und nimmst ihn an – als deine Schicksalsstunde,
dann ahnst du einen Plan, siegst über Angst und Schwäche
und lebst versöhnt, berührt von Gottes Klarheit.

Das kleine Cello

> *Es ist nicht wahr, daß ich nie
> traurig oder bitter bin, aber
> ich habe schon sehr früh beschlossen,
> nicht zu klagen. Der tödlich
> Verwundete muß versuchen, den Rest
> seines Lebens mit einem Lächeln zu
> ertragen – um der anderen willen.*
>
> Helen Keller

Wenn die Putzfrau Christiane sich allwöchentlich in die Ludwigstraße Nr. fünfzehn aufmachte, freute sie sich. Nicht, weil sie dort das Treppenhaus zu ölen und blank zu reiben hatte – nein, sie war begierig, den kleinen Reinhold zu treffen, der ihre Putzerei mit Musik und »munteren Reden« begleitete. Als nämlich die Mundharmonika ihren Geist aufzugeben drohte, hatte er eine wunderschöne Ziehharmonika geschenkt bekommen. Sobald Christiane läutete, sauste er, die Harmonika vors Gesicht haltend, das Treppenhaus hinab, was etwa heraufkommende Fremde zu Tode erschreckte; sie glaubten an ein Gespenst und schrien entsetzt auf, das belustigte den kleinen Mann. Aber Christiane fiel nicht mehr auf den Possenreißer herein. Während sie im Dachgeschoß begann, setzte sich Reinhold ein paar Stufen höher und rutschte auf einem ölduftenden Kissen ständig nach. Dabei spielte er selbst ausgedachte Geschichten auf seiner Harmonika, etwa »Gewitter«

oder »Der Lehrer schimpft« oder »Auf dem Schloßplatz«. Wie reich sind Kinder in ihrer fast unerschöpflichen Phantasie!

»Heute kommst du mir traurig vor, Christiane«, sagte er eines Morgens.

»Das spürst du richtig, Reinhold. Unsere alte Königin Olga ist nämlich gestorben (3. Okt. 1892). Hast du die Glocken gehört? Als damals das Kronprinzenpalais eingeweiht wurde – anno 54 – durfte ich meine Mutter beim Putzen begleiten. Die Königin hat nicht einmal das Kind einer Putzfrau übersehen. Sie war noch jung und wunderschön. Es war kurz vor Weihnachten, hatte viel geschneit, und sie hat mir einen Muff aus Hasenpelz geschenkt.«

»Du hast die Königin gekannt, Christiane?«

»Ei freilich. Sie hatte einen ganz eigenen Zungenschlag beim Sprechen. Ihre Muttersprache war nämlich Russisch. Es mag ihr manchmal eng vorgekommen sein bei uns in Württemberg, aber sicher hat sie viel darüber nachgedacht, was man alles verbessern könnte im Land. Auch für die ›Nikolauspflege‹, die Blindenschule, die du seit dem Frühjahr besuchst, hat sie die Schirmherrschaft übernommen, und sie hat sich gewünscht, daß die Schule den Namen ihres Vaters, des Zaren Nikolaus, tragen solle.«

»Glaubst du, daß sie manchmal Heimweh gehabt hat, Christiane, so wie ich im Krankenhaus?«

»Mag wohl sein. Sicher war sie oft einsam, denn sie hatte keine eigenen Kinder. Sie hat dann ihre Nichte Wera, eine russische Großfürstin, zu sich genommen. Die soll ein schwieriges Kind gewesen sein, sagte meine Mutter. Aber jetzt mögen wir sie alle. Wera hat

überhaupt keinen Standesdünkel, und wir winken immer, wenn sie mit ihrer Kutsche durch die Straßen fährt. Ja, Wera wird traurig sein über den Tod der Königin.«
»Jetzt werde ich auch schon ganz betrübt, Christiane. Ich spiele dir einen Trauermarsch für die Königin.«
Und der Kleine entlockte seinem Instrument so steinerweichende Mollakkorde, daß Christiane, als sie an der untersten Treppenstufe angekommen war, sich erhob und sagte:
»Wer so geschickt mit einer Harmonika umgehen kann, Reinhold, der könnte auch ein Instrument spielen lernen, mit dem man seinen Lebensunterhalt verdient. Weißt du was? Ich putze samstags bei einem jungen Deutschrussen. Er ist hin und wieder bei der Herzogin Wera, weil sie beide aus Petersburg stammen. Er ist Cellolehrer, und ich weiß, daß er ein Cello für kleine Jungen hat. Soll ich mal mit ihm reden, ob er dir Unterricht geben möchte? Er macht immer die Augen zu, wenn er spielt, deshalb denke ich, daß man nicht viel sehen muß beim Spielen. Ach, er spielt himmlisch, so daß ich nimmer weiterputzen kann, wenn er anfängt.«
»Ein Cello, was ist das?«
»Nun, das wirst du merken. Es sieht aus wie eine riesengroße Geige mit einem Eisenfuß, den man auf den Boden stellt.«
»Eigentlich wäre ich lieber Bauführer geworden, Christiane.« Er seufzte und fügte altklug hinzu: »Wenn man blind ist, kann man halt nicht mehr machen, was man will.«
»Cellospielen ist ganz herrlich, glaub' mir. Soll ich mal

mit deiner Mutter sprechen, was sie zu meiner Idee meint?«

Anna Barbara, die längst erkannt hatte, daß sie Reinholds schulischer Ausbildung zuliebe in Stuttgart bleiben müsse, hatte nichts gegen Christianes Vorschlag einzuwenden. So machten sich denn Mutter und Sohn eines Nachmittags auf den Weg zu dem empfohlenen Lehrer.

Johannes Urlaub empfing die beiden sehr liebenswürdig. Er war jung, schlank gewachsen und von einer besonders anziehenden Ausstrahlung. Er unterhielt sich mit dem aufgeweckten Bürschlein, und schon die ersten Singproben am Klavier begeisterten den noch unverbrauchten, aber nicht mehr unerfahrenen Pädagogen. Er schien in Kürze die künstlerischen Möglichkeiten des Kindes zu erfassen. Reinhold selbst schenkte ihm von der ersten Begegnung an sein volles, kindliches Vertrauen und bekam wirklich das kleine Cello, das Herr Urlaub in seiner Kindheit benützt hatte.

Mit dem Notenlesen müsse man freilich noch ein wenig warten, erklärte der Lehrer. Für Blinde sei es weit schwieriger, weil es von Buchstaben ausgehe. Zuerst müsse also die normale Blindenschrift tadellos beherrscht werden. Jedoch gäbe es auch ohne Notenkenntnis eine Menge zu lernen, das Gehör zu schulen, die Bogenhaltung zu üben und die Finger an die Saiten zu gewöhnen. Auch ein wenig Klavierspiel könne nicht schaden. Auf kindgerechte Weise erklärte er dem Kleinen das Cello, und Reinhold machte sich zuhause mit Feuereifer ans Üben. Schon nach kurzer Zeit schleppte er das geliebte Instrument zum Schulunterricht in die »Nikolauspflege« und spielte mit großem Stolz den Mitschülern sein erstes Lied vor: *Vom Himmel hoch, da komm ich her...*

Die »Nikolauspflege« am Kräherwald in Stuttgart war eine private Blindenschule mit einem sehr guten Ruf. (Sie besteht und blüht bis zum heutigen Tag). Es war auch ein Internat dabei, damit die blinden Kinder aus ganz Württemberg nach Stuttgart kommen konnten. Reinhold durfte zunächst daheim wohnen, Jakob mußte ihn täglich zur Schule bringen und wieder abholen. Da Jakob das Elternhaus früh verließ, wurde Reinhold ebenfalls ins Internat aufgenommen, was ihm große Freude machte. Übers Wochenende durfte er regelmäßig nach Hause.

Noch als erwachsener Mann hat er die Schuljahre in der Nikolauspflege und später in der Stuttgarter Blindenanstalt als eine besonders reiche und schöne Zeit in seinem Leben bezeichnet. Nicht, daß er – bei aller Begabung – ein Musterschüler gewesen wäre! Aber die Lehrer gingen auf seine Bedürfnisse ein und ließen ihm reichlich Zeit für den Cellounterricht. Außerdem waren alle Kinder blind, so daß er sein Gebrechen kaum bemerkte.

Er fand es beglückend, täglich Neues lernen zu dürfen. Im Sommer konnten die Kinder das Wachstum der Blumen beobachten, etwa der Sonnenblumen, die bald größer wurden als sie selbst. Es gab Unkraut zu bestimmen, Blüten und Düfte zu erkennen; im Winter durfte man ausgestopfte Tiere betasten, Landkarten abfühlen, mit Knetmasse arbeiten, den Umgang mit Geld beim Einkaufen lernen – und was der Dinge mehr sind. Das Faszinierendste aber war die Punktschrift, die der Franzose Louis Braille im Jahre 1825 erfunden hatte und deren sechs kleine gestochene Punkte auf geniale Weise den Kindern bald die Tür zum Lesen öffneten.

»Ich hätte nie geglaubt, daß in einem guten Buch so viel Glück und Schönheit verborgen sein könnte«, schreibt Reinhold einmal aus jener Zeit.

Nun mußte er nicht mehr dauernd sonntags die geduldige Luise anbetteln, bis sie, statt mit den Freundinnen spazierenzugehen, ihm vorlas. Die Kameraden in der Ludwigstraße staunten, wenn Reinholds Finger gewandt über das zerstochene Papier wanderten. Auch sein Cellospiel machte ausgezeichnete Fortschritte. Nun hatte er ihnen wieder etwas voraus, das sie nicht konnten. O, er wollte es ihnen zeigen! Sie würden sich eines Tages schämen, ihn »Krüppel« genannt zu haben.

Heitere Schulausflüge, muntere Theateraufführungen, Gartenspiele und Lesestunden machten die Schuljahre bunt und abwechslungsreich. Auch durfte Reinhold ab und zu den älteren Blinden, die in der Korbmacherwerkstatt oder in der Bürstenbinderei arbeiteten, mit seinem Cello vorspielen. Alle freuten sich an dem kleinen Musiker und nannten ihn ein Wunderkind. Da er eher kleinwüchsig war und sein gutherziges Kindergesicht lange behielt, wirkte er jünger als seine Jahre. Ein Wunderkind? O nein, er wußte es besser. Nichts war ihm in den Schoß gefallen, nur mit eiserner Energie und fleißigem Üben, unter Herrn Urlaubs gekonnter Anleitung, war er so weit gekommen. Der scharfe Geruch der Korbweiden war ihm zuwider, und so nahm er sich vor, weiterhin hart zu arbeiten, damit er Musiker werden könnte. Es gab zu jener Zeit noch nicht allzu viele Berufsmöglichkeiten für Blinde.

Bald schon hatte Reinhold bei jedem Schulkonzert mitzuwirken. Wenn Besuchergruppen kamen, wurde er geholt und durfte ihnen ein Ständchen bringen.

»*Ja, Eitelkeit und Geltungsbedürfnis sind starke Triebfedern*«, sagte er einmal.

Einen seiner Schulstreiche hat er selbst aufgeschrieben. Er berichtet:

In unserem Schulgarten gab es einen Apfelbaum mit besonders wohlschmeckenden Früchten, die wir allerdings nie zu Gesicht bekamen.
Eines Tages weihte ich meine Schlafkameraden im Saal in meinen heimlichen Plan ein.
Wir würden in der kommenden Nacht, wenn alle Sehenden schliefen, durchs Fenster in den Garten schleichen und den reifen Apfelbaum plündern.
An dem besagten Abend lag der Schlafsaal der Jungen sehr pünktlich in tiefstem Frieden, der diensthabende Lehrer freute sich über die zeitig eingekehrte Ruhe. Nach Mitternacht aber erhoben sich alle Jungen lautlos. Einer nach dem anderen schlüpfte gewandt durchs Fenster und hüpfte ins Gras. Und schon saßen sie einträchtig in den Zweigen und füllten sich Taschen, Jacken, Beutel und Netze mit den herrlichen Früchten. Dann schlichen sie ebenso leise wieder zurück.

Nichts regte sich, keiner hatte etwas gemerkt.
Nun aber begann ein Kichern, Krachen, Schmatzen,
Spritzen und Kauen, daß man meinte, eine
unsichtbare Schweineherde treibe sich im Dunkeln
herum. Und anschließend gab es ein Rumoren
in den Mägen und Därmen; ein kaum zu bändigendes,
immer wieder ausbrechendes, unterdrücktes Gelächter
ließ die Kinder bis Sonnenaufgang nicht mehr
zur Ruhe kommen.
Der Hausmeister entdeckte am Morgen sofort den
geplünderten Baum. Niemand kam auf den Gedanken,
es könnten die eigenen Schüler gewesen sein.
Die Geschichte wäre gewiß nie an den Tag
gekommen, wenn nicht ein allzu eifriger Vielfraß
gegen Mittag den nächtlichen Raub sichtbar von sich
gegeben hätte.

Das Verhör war knapp und sachlich. Keiner verriet den Anführer. So bekam der ganze Schlafsaal eine gemeinsame Strafe. Reinhold hat über seinen Mangel an Zivilcourage lange einen tüchtigen Katzenjammer gehabt. Als er sich bei den Kameraden entschuldigte, sagten sie:
»Laß gut sein! Wir haben uns alle an den Äpfeln gelabt und auch noch etlichen Vorrat versteckt.«
»*Ich habe mir damals vorgenommen, nie mehr feige zu sein*«, schloß Reinhold seinen Bericht. »*Leider habe ich meinen Vorsatz nicht gehalten.*«

Er war gerade vierzehn Jahre alt, als er eine ehrenvolle Einladung zum Konzertieren ins Stuttgarter Wilhelmspalais erhielt. Auch König Wilhelm und Königin Charlotte wollten dem Kammerkonzert persönlich beiwohnen.

Am vorgesehenen Tag wurde er von Herrn Urlaub abgeholt. Im Palais wartete eine Hofdame auf ihn, die ihn auf dem Klavier begleiten und vorher mit ihm üben wollte. Herr Urlaub hatte fünf kleine Stücke von Robert Schumann ausgesucht, (opus 102) die Reinhold gut beherrschte. Sodann kamen noch einige Lieder zum Vortrag und zuletzt die unvermeidliche »Träumerei«, die beim Publikum immer gut aufgenommen wurde.

Erstaunlich anmutig und sicher bewegte sich Reinhold in dem großen Treppenhaus und in den weiten Sälen. Er hatte sich angewöhnt, beim Eintritt in einen fremden Raum stets ein fröhliches »Grüß Gott« zu rufen. Am Schwingen des Klangs und am Widerhall erfaßte er die etwaige Größe des Raumes und die ungefähre Zahl der Zurückgrüßenden. Auf diese Weise konnte er sich eine Vorstellung von weiblichen, männlichen, jungen oder älteren Personen machen.

Vor dem Beginn des Konzertes ließ der König es sich nicht nehmen, den jungen Künstler selbst an der Tür des Musiksaals abzuholen. Er war ein gütiger, volksnaher Herr mit einer eher demokratischen Gesinnung. Er stellte sich einen ängstlichen, nervösen Schüler vor, den es zu unterstützen galt.

»Du brauchst keine Angst zu haben«, sagte er freundlich.

»O nein, Majestät, ich habe keine Angst«, erwiderte Reinhold. »In einem Kreis von so vielen gebildeten Leuten darf ich auf das allergrößte Kunstverständnis hoffen, und darauf freue ich mich.«

»Na, du bist ja nicht auf den Mund gefallen! Wenn alle meine Untertanen so freimütig sind, dann kann ich sehen, wo ich bleibe. Aber nun wollen wir erst einmal hören, was du kannst.«
Es wurde ein eindrucksvolles Konzert. Schon nach den ersten Takten vergaß der kleine Musiker seine Umgebung und war selbstvergessen an die künstlerische Gestaltung seiner Stücke hingegeben. Nach dem Verklingen des letzten Tones herrschte atemlose Stille.
»Du bist ein Wunder!« rief jemand aus den Reihen, und dann setzte begeistertes Klatschen ein. Reinhold nahm diesen seinen ersten reicheren Beifall in einem Königsschloß mit Stolz auf. Welch gewaltige Träume hat man mit vierzehn Jahren! Er sah sich bereits auf den großen Konzertpodien der Welt, und in dem anhaltenden Klatschen hörte er die Beifallstürme künftiger Erfolge. Ob am Ende auch Mitleid mit seinen verschlossenen Augen dabei war? Er ahnte es, und es legte sich wie ein Schatten über den glücklichen Tag. Der liebenswerte König Wilhelm freilich schien, wie Reinhold feststellte, keine ausgeprägte Leidenschaft für klassische Musik zu haben. Die Freude an Oper und Schauspiel lag ihm wohl näher? Er war aber sehr aufmerksam und reichte dem Blinden seine beiden Spitzerhunde Ali und Rubi zum Streicheln. Danach zog sich das Königspaar zurück, während die übrige Gesellschaft noch zum Tee in den Salon eingeladen wurde.
Das folgenreichste Erlebnis dieses Nachmittags kam aber aus einer ganz anderen Richtung. Reinhold vergaß es nie. Eine tränenfeuchte Wange drückte sich an sein Gesicht, feiner Parfümduft umfing ihn, und eine

tiefe, etwas rauhe Stimme mit derselben Sprachmelodie wie diejenige seines Lehrers sagte in fremdartigem Schwäbisch:
»Laß dir danken, du kleiner Herzensbrecher. Ich bin die Herzogin Wera. Du hast mich heute so glücklich gemacht. Ich werde diese Stunde immer lieb behalten, und dich auch, mein Junge. Willst du mich nicht einmal besuchen mit deinem Cello? Ich wohne in der Villa Berg. Ich lasse dich mit der Kutsche holen, wenn du willst.«
Rührte die wunderbare Sprache der Musik tiefer an das Herz der Ausländerin, weil sie sich im fremden Land zuweilen einsam fühlte?
»Jawohl, wir kommen gerne einmal zu Ihnen, kaiserliche Hoheit«, sagte Johannes Urlaub, der neben Reinhold stand und die Herzogin gut kannte. Eine Schönheit ist sie wirklich nicht, dachte der ästhetische Lehrer. Aber weil Reinhold sie nicht sehen kann, fühlt sie sich bei ihm besonders sicher und wagt etwas, was sie sonst nicht preisgibt: Sie schenkt ihm die volle Wärme ihres Wesens.
Von diesem Tag an begann zwischen der Herzogin und dem jungen Reinhold eine zarte Freundschaft, die erst mit ihrem Tod im Jahr 1912 erlosch. Reinhold hatte dunkel gefühlt, daß die meisten der Anwesenden sein Blindsein sensationeller empfunden hatten als sein gekonntes Spiel, und das traf seinen wundesten Punkt. Die Herzogin aber hatte das Künstlerische, das in ihm lebte, voll erkannt. Sie nahm ihn als ganzen Menschen und Musiker, und so hatte sie ihn für alle Zeit gewonnen.

Luise

*Was die Menschen Glück und Unglück
nennen, ist nur der rohe Stoff dazu;
am Menschen liegt es, wozu er ihn formt.*
                                    Otto Ludwig

Auch die unbeschwerteste Schulzeit geht einmal zu Ende. Es kam die Stunde, in der Reinhold die geschützte Welt der Anstalt verlassen mußte. Obwohl er an manchen Tagen dankbar war, daß er nun nicht, wie seine ehemaligen Spielkameraden aus der Ludwigsstraße, in die Lehre oder in die Fabrik gehen mußte, so fühlte er sich doch häufig ausgeschlossen aus dem »normalen« Leben ringsum. – Es gab noch nicht so viele Möglichkeiten wie heute, sich abzulenken oder sich selbst davonzulaufen. Er mußte sich jetzt ganz neu auch an ein Stück Alleinsein gewöhnen, denn die Mutter hatte sich als Büglerin in verschiedene Häuser verdingt, um damit Reinholds musikalische Ausbildung zu bestreiten. Auch wenn er durch sein Cellospiel, etwa bei Hochzeiten, Trauerfeiern oder Familienfesten hin und wieder etwas verdiente, so reichte es doch nicht aus. Und die Mutter verließ die Wohnung nicht ungern, denn Reinholds intensives Üben auf dem Cello kostete sie Nervenkraft. Außerdem war er jetzt, seinen Pubertätsjahren entsprechend, manchmal recht reizbar. Oft genug verfing er sich in ein Netz von Gefühls- und Denkverwirrungen, aus denen er nur schwer herausfand. Dankbar nahm er deshalb die Einladungen von Herzogin Wera an. Sie unterhielt einen Musik- und Literaturkreis, in welchem er sich wohlfühlte und wertvolle Beiträge zur Gestaltung liefern konnte. Seine inzwischen beachtliche Belesenheit, sein musikalisches Können, seine Gabe der humorvollen Unterhaltung machten ihn nicht nur bei der Herzogin beliebt.

Besonders wohltuend empfand er die Nachsicht der Hausbewohner, die ihn beim Üben ermutigten und ihm jederzeit hilfreich zur Seite standen. Er bedankte sich dafür, indem er jeden Abend zu gleicher Zeit im Treppenhaus ein Gutenachtlied auf dem Cello spielte. Schon nach den ersten Tönen öffneten sich in allen Stockwerken die Türen, und am Schluß belohnte ihn lebhafter Applaus. Sogar aus den Nachbarhäusern kamen die Zuhörer. Von Reinholds Spiel, so sagten sie, werde ihre Seele genährt.

Seine Betreuung lag in diesen Jahren hauptsächlich auf Luises Schultern. Sie liebte den Bruder auf ihre nüchterne Art von Herzen und mahnte ihn humorvoll zur Geduld, wenn das viele Auswendiglernen und die umständliche Notenschreiberei in Blindenschrift ihn manchmal ermüdeten. Luise hatte nach ihrem Schulabschluß auf den Rat der Mutter eine Schneiderinnenlehre begonnen.

»Du solltest einen Beruf haben, den du zuhause ausüben kannst«, hatte sie gemeint. »Wenn ich einmal nicht mehr bin, hast du für Reinhold zu sorgen, denn es ist nicht sicher, ob er mit solch entstellten Augen überhaupt die rechte Frau findet.«

Die Tochter hatte sich dem Vorschlag der Mutter gefügt, obwohl ihr das Stillsitzen anfangs schwerfiel. Die heißen Sommernachmittage in der engen Nähstube unter Aufsicht einer zwar tüchtigen, aber strengen Meisterin, erschienen ihr oft endlos. Die Nadel arbeitete sich in den feuchtheißen Fingern oft kaum durch den harten Stoff, aber mit wachsender Fertigkeit kam auch die Freude, schöne Kleider zu gestalten. Damals wurde ja das meiste noch von Hand genäht; bürgerliche Frauen hätten sich kaum ein fertiges Kleid von der Stange gekauft. Noch während Reinholds Schulzeit hatte Luise ihre Lehre mit sehr gutem Erfolg abgeschlossen und arbeitete jetzt bereits selbständig zu Hause.

Sie war inzwischen zu einem hübschen Mädchen herangewachsen. Aus ihrem klaren, frischen Gesicht sprach ein gesammelter, sachlicher Ernst. In ihrer bescheidenen Art verzichtete sie auf die harmlosen Vergnügungen, die sich andere Mädchen ihres Alters gönnten. Statt dessen las sie dem Bruder aus neu erschienenen Büchern vor, die noch nicht in Blindenschrift übertragen waren. Reinhold war darin unersättlich.

»Auch wenn ich kaum etwas von diesen Büchern verstehe, so ist die Mühe dennoch nicht umsonst«, stellte die praktisch denkende Schwester fest, wenn sie entdeckte, wie rasch und innerlich selbständig Reinhold das Gelesene verarbeitete. Vor allem auf philosophischem Gebiet erreichte er im Laufe der Jahre fast akademisches Niveau. Als Gegenleistung spielte er der Schwester dann seine Cellostücke vor, und er fand in ihr eine unvergleichliche Zuhörerin.

Der junge Schreinermeister Hellwig, der am Ende der Straße wohnte, hatte das gewissenhafte, fleißige Mädchen schon seit längerer Zeit beobachtet. Sie hätte das Zeug zu einer Frau Meisterin, dachte er. Aber er war viel zu unerfahren und schüchtern, um einen Vorwand zu finden, näher mit ihr bekannt zu werden. Er wußte nicht recht mit Mädchen umzugehen, und Luise schien ihm ebenfalls äußerst zurückhaltend und ohne Interesse an Männern. Er bedurfte längerer aufmerksamer Beobachtung, bis es ihm gelang, sie eines Frühlingsabends beim Gang zum Grab ihres Vaters auf den Hoppenlaufriedhof einzuholen. Er war auf den rettenden Gedanken gekommen, die Ruhestätte einer entfernten Tante aufzusuchen, und die zu Lebzeiten kaum Beachtete erhielt nun späte Blumen.
Der erste Spaziergang gelang vorzüglich, weitere folgten. Auch eine Friedhofsbank fand sich, und es war fast, als nickten die alten Gräber dem jugendlichen Paar freundlich zu. Wenn der junge Mann das Mädchen in ihrem hellen Kleid unter den blühenden Bäumen nach Hause begleitete, entdeckte er mit wachsendem, freudigem Staunen, wie schön und strahlend sie vor ihm stand, wenn sie mit ihm sprach. Er wußte noch nicht viel von den Wundern der Liebe, und Luise verriet sich mit keiner Geste. Endlich wagte er einen weiteren Vorstoß.
»Luise, ich habe dir nun schon einige Male meine Werkstatt gezeigt – meinst du, ich dürfe auch mal deine Schneiderwerkstatt sehen?« Sie verstand. »Ich denke, daß sich das einrichten läßt. Ich werde meiner Mutter Bescheid sagen; es wäre schön, wenn du sie kennenlernen könntest!«

Der Mutter war die anmutige Veränderung in Luises Wesen nicht entgangen, und so empfing sie den Gast innerlich nicht unvorbereitet. Durch die Tür hindurch hörte man Cellospiel, das aber sofort verstummte, als Reinhold jemand Fremdes in der Wohnung vermutete. Danach fühlte er eine kräftige, arbeitsgewohnte Hand in der seinigen und hörte aus der jungen männlichen Stimme Festigkeit und Entschlußkraft.

»Ich habe Sie schon auf der Straße gesehen«, bemerkte Hellwig. »Ich habe stets Ihre Orientierungsfähigkeit bewundert.«

Hellwig fühlte sich augenscheinlich wohl. In bescheidenem Stolz zeigte Luise ihm ihre Nähstube mit den halbfertigen Garderoben vermögender Damen, bei denen sie bereits als »gute Adresse« bekannt war.

Der junge Meister wurde zum Abendbrot eingeladen, zeigte gute Tischmanieren und erzählte zurückhaltend, aber lebendig von seiner Arbeit und seinen Zukunftsplänen. Mit Reinhold unterhielt er sich angeregt über die verschiedenen Holzarten, ihre Maserungen und ihre Verwendungsmöglichkeiten. Wie nebenbei erwähnte die Mutter gegen Ende der Mahlzeit, daß Luise den Bruder mitversorgen müsse, wenn sie einmal nicht mehr sei.

»Jawohl, Luise hat mir immer einmal von ihrem Bruder erzählt«, erwiderte der Besucher. »Eine gute Schwester, die einen guten Bruder hat!« Dabei richtete er mit geschickter Hand dem Blinden ein belegtes Brot.

Er könnte recht werden, dachte Anna Barbara. Luise hätte eine gute Zukunft. Und mit Reinhold ging er fein empfindend um.

Nachdem der junge Schreiner sich an der Wohnungstür verabschiedet hatte, hörte er im Hinabgehen schon wieder die sich ständig wiederholenden Übungen auf dem Cello. Nachdenklich zog er die Haustür hinter sich zu.
Reinhold fragte die Schwester nicht aus. In Liebesdingen übt man sich als Bruder besser in weiser Zurückhaltung. Aber er freute sich an Luises gelockertem Wesen; sie scherzte häufiger als früher, und ihre spröde Stimme bekam einen warmen Klang. Sie war glücklich, das spürte er.
Dadurch ergab es sich von selbst, daß er hin und wieder einige der alten Liebesweisen spielte, an denen unser Volksgut reich ist. Und er spielte sie so innig, daß Luise und die Mutter oft die Nadel aus der Hand legten und sich nach einer besseren Welt zu sehnen begannen.

Aus dem Frühling wurde der Sommer. Der Jasmin verblühte, und die Rosen welkten. Heiße Tage und schwere Gewitter erdrückten die Blumen in den Gärten. Der junge Schreiner war eifrig mit dem Aufbau seines Betriebes beschäftigt und fand wenig Gelegenheit, abends mit Luise auf den Friedhof zu gehen. Die Sträuße auf dem Grab der entfernten Tante verdorrten.
Luise, die zunächst Verständnis gezeigt hatte, wurde unsicher. Und eines Herbstabends, als es schon dunkel war, machte sie sich entschlossen auf den Weg zur Schreinerei. Es kostete sie Überwindung, denn sie war eine stolze Natur.
Die Werkstatt war hell erleuchtet, als sie eintrat. Er

saß an der Hobelbank, von einem Berg Späne umgeben. Stumm holte sie Besen und Kehrichtschaufel. Da sah er auf. Er überspielte eine leichte Verlegenheit und sagte freundlich:
»Luise, du bist es? Nett, daß du mich aufsuchst.« Er erhob sich höflich, kam auf sie zu und nahm ihr Schaufel und Besen aus der Hand. »Es ist lieb von dir, daß du helfen möchtest. Aber mit meiner Unordnung muß ich schon allein zurechtkommen.« Er seufzte.
»Ja, wir sind beide sehr eingespannt und haben viel zu wenig Zeit füreinander«, erwiderte sie mit erzwungenem Lächeln. »Trotzdem wollte ich dich einladen, mal wieder zu uns zu kommen. Reinhold spielt so schöne Lieder auf dem Cello, das solltest du dir anhören.«
Er machte sich angelegentlich mit den Hobelspänen zu schaffen. Verlegen murmelte er schließlich, daß es gerade das Cellospiel sei, das ihm so viel Kopfzerbrechen bereite. Dann wurde er deutlicher und meinte, er könne sich nicht vorstellen, wie ein blinder Cellist in einen aufstrebenden Geschäftshaushalt einzuordnen sei.
»Solch ein auf Hilfe angewiesener Mensch braucht viel Fürsorge, und das kann man als Handwerkersfrau nicht leisten. Ja, wenn einen das Schicksal unvorhergesehen vor solch eine Aufgabe stellt, dann ist es etwas anderes. Doch von vornherein um diese Schwierigkeiten zu wissen und so zu tun, als gäbe es sie nicht, das ist einfach ein wenig leichtsinnig.«
Luise fühlte einen heftigen Stich im Herzen. Aber sie widersprach, sie wollte um ihr Glück kämpfen.
»Reinhold ist viel selbständiger, als du denkst. Und es ist nicht gesagt, daß ich ihn zu versorgen habe, Mutter

kann noch lange leben. Vielleicht findet er auch eine gute Frau, er wäre es wert. Und dann geht er womöglich mal in eine andere Stadt.«
Hellwig lächelte, aber er schüttelte den Kopf.
»So leicht wird es für ihn nicht sein, eine Frau zu bekommen.« Plötzlich brach es aus ihm heraus: »Ich kann solch ein Elend um mich herum auf die Dauer einfach nicht ertragen. Und das Gekratze auf dem Cello ist mir schrecklich! Darf man sich Lasten aufladen, von denen man vorher schon weiß, daß man sie nicht tragen kann? Solch ein netter Mensch – ach, es ist ein Jammer!«
Luise stand wie versteinert. Sie war schneeweiß geworden. Behutsam ging er auf sie zu und nahm ihr Gesicht in beide Hände. Traurig drückte er ihr einen Kuß auf die Stirn.
»Wir bleiben gute Freunde, mein Luisle. So ist das ja nicht, daß es mich nicht bitter hart ankäme. Es tut weh! Solch eine hübsche, tüchtige Frau wie dich gibt's nicht mehr. Ich hab' qualvolle Wochen hinter mir, denn ich hab' dich inzwischen lieb gewonnen, sehr sogar. Aber wenn ich an Reinhold denke, dann weiß ich, daß er als künstlerisch veranlagter Mensch bei uns nicht glücklich würde. Mir war das vorher alles nicht so klar. Ach, wieder einmal trägt die harte Wirklichkeit den Sieg davon. Sei mir nicht bös, aber ich bin Geschäftsmann, ich muß vernünftig denken!«
»Ja, dann... dann«, hauchte Luise tonlos und wandte sich zur Tür. O, sie hätte allerlei einwenden können, aber nein! Sie war sich zu gut dafür. »Behüt dich Gott!« sagte sie beim Hinausgehen.
Langsam, sehr langsam kehrte sie in ihre Wohnung

zurück. Die Treppe erschien ihr unüberwindlich steil. Wie gut, daß die Mutter nicht zuhause war, vor ihr hätte sich die Enttäuschung nicht verbergen lassen.

»Du bist es, Luise?« fragte Reinhold verwundert, als sie die Küchentür öffnete. »Dein Schritt ist so anders, ich dachte es sei die Putzfrau.«

»Wir haben Herbst, Reinhold. Da wird es früh dunkel. Ich bin in dem finsteren Treppenhaus nicht so sicher wie du und wollte keine Lampe holen.«

»Es ist eine ganze Wolke von Traurigkeit um dich, und deine Stimme klingt wie aus einem Kellergewölbe. Was ist los?«

»Was soll los sein? Bin müd, bin weit gegangen.«

»Kommst du vom Friedhof?«

»Ja, aber mit einem Umweg.«

»Hast du Streit gehabt mit deinem Schreiner?«

»Ach, der...«

»Wieso? Was hast du plötzlich gegen ihn? Ist doch ein rechtschaffener Mann und hat dich gern. Ach, bei euch Frauen kennt sich doch keiner aus!«

In diesem Augenblick läutete es. Eine Kundin trat ein und bat verlegen um die zügige Anfertigung eines Hochzeitskleides. Es habe nämlich Eile.

»Soso«, lächelte Luise. »Es trifft sich geschickt, ich habe bereits einen schönen Stoff hier, ich konnte ihn besonders günstig bekommen.« Sie holte einen Ballen wundervoller weißer Kreppseide aus dem Schrank. »Es würde sogar noch für eine Schleppe reichen, die sind jetzt groß in Mode.«

Die junge Braut strahlte. Luise nahm Maß, half beim Aussuchen im Modejournal und hielt den Stoff an die Schneiderpuppe.

»Sie zittern ja, Sie sind überarbeitet«, sagte die Besucherin teilnahmsvoll. »Und nun komme ich auch noch!« Luise hatte zwei Stecknadeln zwischen den Lippen und konnte nicht antworten. »*Sie* haben's mal gut, Sie können Ihr Hochzeitskleid selber schneidern«, fuhr die Kundin fort.

»Ja, das kann ich«, bestätigte Luise und strich mit immer noch bebender Hand über den schönen Stoff. »Kommen Sie Ende der Woche zur Anprobe!«

Arbeit, du herbe, hilfreiche Trösterin! Wie manchen Kummer kann man hinter einem Berg von Anforderungen verstecken! Merkte die Mutter etwas? Sie fragte nicht, und Luise blieb ihr zeitlebens dankbar dafür. Vermutlich ahnte sie die Zusammenhänge. Denn es hörte sich wie ein Trost an, als die Mutter eines Tages heimkam und berichtete:

»Denk dir, Gräfin Üxküll, die Hofdame der Königin, hat sich über Herzogin Wera und Herrn Urlaub nach deiner Adresse erkundigt. Eine Frau von Kübel will bei dir schneidern lassen. Wenn du erst die Meisterprüfung hinter dir hast, wirst du noch mehr Arbeit bekommen und kannst dich ›königliche Hofschneiderin‹ nennen.«

»Ja, ich habe mir bereits einen Prüfungstermin geben lassen. Danach kann ich nämlich Lehrmädchen einstellen und werde besser fertig mit allem!«

»Bis dahin will ich dir beim Säumen und Versäubern helfen«, sagte die Mutter herzlich. »Weißt du, wenn man so gut schneidern kann wie du, sollte man sich in seinem Beruf weiter entwickeln. Ich bin sicher, daß du deinen dir gemäßen Weg finden wirst.« Und die der

Tochter gegenüber sonst sehr verhaltene Mutter strich ihr zärtlich übers Haar.

Einige Zeit später bestand Luise ihre Meisterprüfung mit »sehr gut«.
»Ich werde dir zur Feier des Tages mein schönstes Stück vorspielen«, scherzte Reinhold. Er spannte seinen Cellobogen. »Eigentlich fürchtete ich immer, du würdest deinen Schreiner heiraten. Stattdessen bist du jetzt Meisterin. Korb oder Käfig – etwas anderes bleibt euch Mädchen von heute sowieso nicht übrig. Hoffentlich wird diese unwürdige Art des Frauenlebens im 20. Jahrhundert besser! Ja, meine tüchtige stolze Schwester, ich bin persönlich sehr froh, daß du dich für den Korb entschieden hast!«
»Alter Spötter du!« Sie gab ihm einen leichten Klaps, der aber eine Liebkosung sein sollte, er merkte es genau.
Mehr erfuhr der Bruder nicht. Luise hat mir erst nach seinem Tod darüber berichtet. Da war sie schon eine alte Frau mit dünnem Haar und saß gebeugt, mit einer dicken Brille, an der Nähmaschine und nähte mir ein wunderschönes Kleid.
Ich habe es an meiner Verlobung getragen.

Die Herzogin Wera

*Und ist mein Nam' dereinst vergessen,
der Leib schon Asche längst und Staub.
Mein Dank, den Württemberg besessen,
wird nie der flieh'nden Zeiten Raub.*

Wera Konstantinowna
Herzogin von Württemberg
geb. Großfürstin von Rußland
(1854–1912)

Mit Glanz und Gloria war die Welt ins 20. Jahrhundert eingetreten. Im schwäbisch gediegenen Stuttgart mit seinem sparsamen König hielt sich die Feierlichkeit allerdings in Grenzen. Aber alle Menschen glaubten zuversichtlich, sie erlebten das schönste Jahrhundert seit Bestehen der Erde. (Inzwischen wissen wir um die Stationen dieses Jahrhunderts: Verdun, Stalingrad, Auschwitz, Hiroshima, Tschernobyl).
Der sechzehnjährige Reinhold war auf seine Weise erfüllt von Zukunftsplänen, von viel Ehrgeiz und Lebenskraft. »Der junge Blinde mit dem Cello« war inzwischen nicht mehr unbekannt in der Stadt. Seine Sicherheit im Umgang mit sehenden Menschen wuchs, er wurde viel zu Hauskonzerten gerufen, verschönerte Feste und Feierlichkeiten und war gerne in Gesellschaft. Dabei ließ er seinen Witz sprühen und liebte es, die Leute mit seinen kühnen, aber stets geistreichen Bemerkungen vor den Kopf zu stoßen.

Besonders dankbar folgte er den Einladungen der Herzogin Wera in die Villa Berg. Und das nicht nur, weil es dort manchmal Meringentorte gab, welche beide liebten. Reinhold fand zu der um dreißig Jahre älteren Großfürstin einen ganz eigenen Zugang, er durfte sich fast als Sohn fühlen. Nach außen gab sich Wera eher herb und und rauh, in Wirklichkeit war sie verwundbar und sehr sensibel, von wachem religiösen und sozialem Interesse.

In der »allein rechtgläubigen Kirche« russisch-orthodox erzogen, empfand sie den württembergischen Protestantismus als ein Geschenk an ihr Leben. Mit den Kreisen der altpietistischen Gemeinschaft stand sie in reger Verbindung; sie ist später auch zur protestantischen Kirche übergetreten, obwohl es vermutlich ein weiter Weg für sie war.

Sie erzählte dem jungen Freund von ihrer schwierigen Kindheit und der spannungsreichen Ehe ihrer Eltern. Ihr Vater, der Großfürst Konstantin, hatte als russischer Generalgouverneur einen Aufstand des von Rußland annektierten Polen blutig niedergeschlagen und war einem Attentat nur knapp entgangen.

»Ich war damals neun Jahre alt und sehr verstört über all diese Vorgänge«, berichtete die Zarenenkelin Wera. »Manche meinten, ich hätte den in meiner Familie nicht unbekannten Veitstanz geerbt. Aber das stimmte nicht, obwohl ich auch heute noch Zornanfälle bekommen kann, lieber Reinhold, daß nur mein russischer Leibwächter imstand ist, die Wogen wieder zu glätten.«

Die kinderlose Königin Olga holte die Nichte Wera zu sich nach Stuttgart. Zwanzigjährig wurde die junge

Großfürstin mit Herzog Eugen von Württemberg verheiratet.
»Nein, eine Liebesheirat war es nicht«, sagte sie lachend, »eher ein Arrangement meiner Tante Olga.«
Wera gebar ein Söhnchen, das zu ihrem großen Schmerz bald starb. Dann kamen die Zwillinge Elsa und Olga zur Welt, (die inzwischen verheiratet waren). Nach dreijähriger Ehe wurde Weras leichtlebiger Gatte bei einem Duell erschossen. Allen späteren Ehestiftungsversuchen – denn Wera war nicht unvermögend – widersetzte sie sich energisch. Sie bildete sich weiter und ließ sich während ihrer Handarbeiten stets gute Bücher vorlesen. Dadurch erreichte sie eine vorurteilslose, innere Selbständigkeit, die weit über die weibliche Erziehung der damaligen Zeit hinausging, vor allem in ihrem Lebenskreis, denn die Zarenfamilie war vom übrigen Leben des Volkes völlig abgeschirmt worden.
Wera lebte gern in Württemberg, und König Wilhelm II lernte die grundgescheite, volksnahe und über jeden Standesdünkel erhabene Verwandte schätzen.
»Eine etwas rauhe Schale um einen wunderbaren Kern!« sagte Johannes Urlaub.
Eines Nachmittags war Reinhold mit seinem Lehrer wieder bei der Herzogin in die Villa Berg eingeladen. Eine kaiserliche Hofdame aus Petersburg, Clemence von Rantzau, empfing die beiden Männer sehr zuvorkommend, fügte aber hinzu, die Herzogin werde sich verspäten, denn sie habe sich einen Besuch im Gefängnis vorgenommen, der offensichtlich länger dauere.
Kurz darauf kam Wera.

»Heute können wir nicht musizieren«, erklärte sie erregt, während sie trotzdem mit gutem Appetit ein Stück Meringentorte verspeiste, so daß auch ihre Gäste sich nicht gehemmt fühlen mußten. Nach der Kaffeetafel bat sie die Freunde in ihren Salon. Reinhold hörte das feine Klirren ihres Zwickers, den sie gerne auf den Nähtisch ablegte, wenn sie zu Hause war.

»Wir haben im ›Stuttgarter Neuen Tagblatt‹ alle von jener ledigen Dienstmagd gelesen«, begann sie, »die auf dem hiesigen Hauptbahnhof ihr uneheliches Kind umgebracht hat. Es ließ mir keine Ruhe, und so bin ich heute im Gefängnis bei ihr vorgelassen worden. Wenn eine Mutter ihr zehn Monate altes Kind umbringt, muß eine große Not vorliegen. Die junge Frau hat mir unter Tränen erzählt, wie sie ihr Kleines in Kost gegeben habe, dann aber stellenlos wurde, das Kostgeld nicht mehr aufbrachte und nur noch diesen schrecklichen Ausweg wußte. Danach wollte sie selbst ins Wasser, wurde aber von der Polizei aufgegriffen.« Die Stimme der Herzogin wirkte bedrückt. »Die soliden Stuttgarter sind natürlich empört über solch eine Untat und gehen zur Tagesordnung über. Ich aber will gegen solches Elend etwas tun. Doch wer wird mir dabei helfen? Meine Hofdamen kommen mit moralischen Sprüchen, und der König sagt mir, er habe andere Sorgen als ledige Mütter zu unterstützen. Aber den König kriege ich schon noch für meinen Plan. Wenn ich rasch Mittel freimachen könnte, dann würde ich gleich heute ein Heim für ledige Mütter bauen. Die Menschen meiner Umgebung sind leider innerlich und äußerlich alle weit weg von der harten Wirklichkeit solcher Schicksale.«

»Wir können Wohltätigkeitskonzerte veranstalten«, warf Reinhold ein. »Es wäre nur ein Tropfen auf einen heißen Stein, aber die Menschen würden dabei sozial wacher.«

»Ihre Anteilnahme rührt mich, Reinhold. Ich komme mir bereits nicht mehr so allein vor mit meiner Idee. Ihre Blindheit macht Sie wohl auch verständnisvoller für solche Nöte. Aber der Großteil unserer Bürger ist so festgefahren in seinen Ansichten, daß ich noch viele Vorurteile zu überwinden habe!«

Wir wissen heute, daß die zielstrebige Herzogin schließlich dennoch einen Weg fand. Reinhold erlebte mit, wie in verschiedenen Etappen »Freiplätze für die ärmsten Mitschwestern in Christo« (wie die Herzogin formulierte) geschaffen wurden. Das Stiftungskapital erhielt sie, wie erst nach ihrem Tod bekannt wurde, durch den Verkauf ihres gesamten Familienschmuckes. In der Reichelenbergstraße wurde ein Haus für ledige Mütter gebaut; der erste Geschäftsführer war der nachmalige Landesbischof Theophil Wurm. Im letzten Krieg zerstört, besteht das Weraheim heute noch, sowohl in Stuttgart als auch in dem im Remstal erworbenen Haus Hebsack. Viele junge Frauen haben entscheidende Lebenshilfe dort gefunden.

Noch ehe das Weraheim unter Dach und Fach war, kamen neue, ganz andersartige Sorgen auf die Herzogin zu. Reinhold erfuhr davon, als er an einem Wintertag des Jahres 1905 verspätet zur Cellostunde kam. Es hatte geschneit, das machte ihn unsicher, denn die leichte Schneedecke verschluckte die Geräusche, an denen er sich sonst orientierte. Als er abgekämpft in

Urlaubs Musikzimmer trat, fand er den geliebten Lehrer sehr niedergeschlagen.

»Wir können keinen Unterricht machen, Reinhold. Ich war heute morgen bei der Herzogin; wir sind alle beide ein wenig verzweifelt. Du hast sicher von dem blutigen Sonntag in St. Petersburg gehört. Ach, dieser unglückselige Krieg mit Japan – es geht wieder einmal alles schief. Eine Abordnung des Volkes – du weißt ja, wie groß die Armut bei mir daheim inzwischen geworden ist – wollte dem Zaren im Winterpalast eine Petition überreichen und wurde von den Gardesoldaten ohne Befehl zusammengeschossen. Die Verbitterung gegen die Zarenfamilie und gegen die Verwandten der Herzogin ist groß. Einige der betroffenen jungen Russen fliehen jetzt heimlich nach Stuttgart, wo sie Wera wissen. Alle meine Bekannten sind mit Quartiersuche beschäftigt.« Urlaub warf sich in seinen Sessel. »Wie viele Krisen müssen eigentlich noch stattfinden, bis dieses Volk in Ruhe und Ordnung zu leben imstande ist? Es kann einem Angst werden! Meine Schwester, die bei den Speisungen in der Armenküche hilft, schrieb mir, das Elend sei unübersehbar. Aber wenn alle zu uns kommen wollen – das schaffen wir nicht, Reinhold.« (Damals wußte man noch nicht, daß jener »blutige Sonntag« vom 9. Januar 1905 nur das Vorspiel zu Lenins zwölf Jahre später stattfindenden großen Oktoberrevolution war, welche die Geschicke Europas im 20. Jahrhundert mitprägen sollte.) »Ach, Reinhold«, fuhr Johannes fort, »wie gerne hätte ich gerade mit dir in meinem herrlichen Petersburg gelebt! Eine zauberhafte Stadt, mehr westlich als slawisch, voll Kultur und musikbegeistertem

Publikum! Aber nun wird für längere Zeit wohl gar nichts mehr möglich sein.«

Mit Unterstützung der Herzogin gelang es besser als erwartet, Unterkünfte für die jungen Russen zu finden. Es waren manche Adeligen darunter, hauptsächlich aber junge Studenten, die meistens etwas Deutsch sprachen. Sie waren sowohl gebildet als auch bescheiden und dankbar, ein Stück weit Elite, die eine brauchbare Veränderung im Zarenreich anstrebte. Die orthodoxe Kirche in Stuttgart belebte sich.
In Reinholds Haus in der Ludwigsstraße zog ein Deutschrusse namens Wehmeyer ein. Bald entwickelte sich zwischen ihm und dem Blinden eine beide bereichernde Freundschaft. Es begann damit, daß Wehmeyer ein Schachspiel brachte, dessen Figuren man feststecken konnte.
»In Rußland fahren wir viel mit der Eisenbahn«, erklärte Wehmeyer. »Da braucht man Spiele, die nicht bei jedem Stoß umfallen.« Ohne große Mühe konnte Reinhold auf diese Weise das Schachspiel erlernen. Er wurde ein leidenschaftlicher Spieler. Gerade da, wo die Sprachverständigung mit den Russen noch unvollkommen war, konnte man durch Denkspiele in Beziehung kommen.
Einige wohlhabende Stuttgarter Familien öffneten bereitwillig ihre Häuser für die jungen Ausländer, es bildete sich ein höchst anregender Kreis von Deutschen und Russen. Reinhold war stets mit von der Partie. Dabei konnte er seine Blindheit vergessen.
»Die Russen haben mehr Gemüt«, sagte er zu Luise.

»Ihr Wesen ist musikalischer, sie sind auch nicht so nervös und hastig wie wir.«

»Kunststück«, erwiderte Luise trocken, »sie entstammen fast alle der Oberschicht, haben mehr Zeit für Kultur, Leute, die viel körperlich arbeiten müssen, können sich das nicht leisten!«

»Du entwickelst ja recht interessante Ansichten, Luise! Beinahe ein bißchen proletarisch. Wie kommst du darauf?«

»Ich sehe halt, was ist«, erwiderte sie. »Fühl' mal, an meinem Schrank hängen die Garderoben der reichen Damen. Während der Anproben muß ich mir ununterbrochen ihre Dienstmädchenprobleme anhören. Dabei haben die meisten gar keine Ahnung davon, was Arbeit eigentlich ist. Wie viele Nachtstunden stecken in fast jedem Ballkleid, das ich ihnen nähe! Natürlich bin ich hochzufrieden, daß ich eine solch zahlungskräftige Kundschaft habe. Aber in Rußland, glaub' ich, sind Armut und Reichtum, Kultur und Verrohung, noch weiter voneinander getrennt als bei uns. Vom Volk und seinen Nöten haben diese Leute kaum eine Ahnung. Ich möcht' bloß wissen, wohin das alles noch führt!« Sie erhob sich und schüttelte ein paar Fäden von ihrem Rock. »Versteh mich bitte recht: ich freu' mich, daß du solch guten Umgang hast. Etwas anderes will ich gar nicht, als daß du vergnügt bist!«

»Es ist aber gar nicht dumm, was du dir bei deiner Näherei alles zusammendenkst«, erwiderte er. Dabei nahm er Hut und Stock von der Garderobe, bereits wieder zum Ausgehen fertig. »Zunächst tun mir die Russen gut. Weißt du, bei allzu tüchtigen Menschen komm' ich mir oft ein wenig minderwertiger vor. Sie aber nehmen mich, wie ich bin.«

Freund Wehmeyer führte den Lernbegierigen in die Welt der russischen Dichter ein. Fjedor Dostojewski (1821–1881) wurde von den jungen Russen wie ein Nationalheiliger verehrt. Da noch nicht alle Werke des großen Schriftstellers ins Deutsche oder gar in Blindenschrift übertragen waren, lasen die Sprachgewandteren ihrem jungen deutschen Freund leidenschaftlich vor, und Reinhold wurde stark von Dostojewski berührt. Die Legende vom Großinquisitor, bereits in Blindenschrift vorhanden, lernte er auswendig, sie beschäftigte ihn lebenslang.

Auch sein musikalisches Schaffen erhielt Auftrieb durch die Freunde, und Johannes Urlaub war glücklich über seinen Lieblings-Schüler.

»Fast jeden Abend holt ihr Reinhold zu irgendeiner gesellschaftlichen Zusammenkunft ab«, sagte Anna Barbara einmal kopfschüttelnd zu Wehmeyer, als dieser an der Wohnung läutete.

»Ohne Reinhold wären unsere Abende nur halb so schön«, erwiderte der Deutschrusse fröhlich. »Was würden wir nur ohne sein Cellospiel, seinen Humor und seine Schlagfertigkeit machen!«

Die Mutter sah den beiden jungen Männern nach, die einträchtig das Haus verließen. Sie freute sich für ihren Sohn, daß er solch ein reiches, erfülltes Leben haben konnte. Aber wie lange würde es wohl dauern, bis er all dies um den Preis einer womöglich billigen Schwärmerei eintauschte? Und wie würde es ihm dabei ergehen? Keiner kann dem anderen etwas wirklich Wesentliches in seiner Entwicklung abnehmen, so sehr man sich das als Mutter auch wünscht und einbildet. Man würde es geschehen lassen müssen. Aber vielleicht wäre sogar ein wenig Glück dabei? Warum sollte sie nicht hoffen?

Sybille

Ja – sagen zum Leben heißt auch:
Ja sagen zu sich selbst.
Ja – auch zu der Eigenschaft,
die sich am widerwilligsten
wandeln läßt
von Versuchung zu Kraft.

Dag Hamarskjöld

Der Sommer entfaltete seinen Glanz. Die Sonne schien, und die Rosen dufteten. Wenn Reinhold beim Gehen die Hauswände berührte, strömten die Steine eine wohlige Wärme aus.
Er war mit seinem Freund Wehmeyer zu einem abendlichen Gartenfest in eine Villa auf der Anhöhe von Stuttgart unterwegs. Ein russischer Klavierspieler würde ihn dort zum Cello begleiten, aber natürlich würde er auch aufgefordert werden, solo zu spielen. Er rieb sich die Hände vor Vergnügen. Er würde ein derart süßes Tremolo hinlegen, daß er sich jetzt schon über die Tränen der jungen Damen und den Beifall der älteren Herrschaften freute. Bei Johannes Urlaub durfte er sich keine Sentimentalitäten gestatten. Und dabei tat es den Leuten so gut, sie waren anschließend viel gelockerter in den Tiefen ihres Gemütes.
Der Abend gelang. Das Wetter war mild, die muntere Gesellschaft höchst anregend, die Bewirtung ausgezeichnet. Während man in kleinen Gruppen die von bunten Lichtern gesäumten Gartenwege entlangwan-

delte, improvisierte Reinhold auf Klavier und Cello lustige, leichte Melodien. Eine junge Frau schwärmte von Glühwürmchen im Gebüsch, und so klimperte er ausgelassen eine sprühende Glühwürmchenmusik zusammen, die mit großem Beifall aufgenommen wurde.

Als es kühler wurde, rückte man auf der Gartenterrasse enger zusammen, um sich gegenseitig in der Runde ein wenig zu wärmen. Plötzlich fühlte Reinhold einen samtweichen, bloßen Mädchenarm dicht neben sich. Eine bisher unbekannte, hilflose Schwäche durchrieselte ihn. Immer wieder streifte er zärtlich den schlanken Mädchenarm, völlig gefangen in einem fremdartigen Sehnsuchtsrausch. Das Mädchen – es hieß Sybille – ließ es geschehen. Einer aus der Runde goß ständig Erdbeerbowle nach, und je mehr die Nacht vorrückte, desto weniger vermochte sich Reinhold aus seiner Verzauberung zu lösen. Schließlich nahm ihm Wehmeyer energisch das Glas weg:

»Es wird Zeit zum Heimgehen, mein Lieber!«

»Sybille soll mich nach Hause begleiten«, preßte Reinhold hervor.

Ein junger Mann neben ihm lachte.

»Aber natürlich bringen wir unseren Stargast nach Hause, nicht, Sybille?«

Auch Sybille lachte. Aber *wie* sie es tat – das traf ihn messerscharf. Sie nahmen ihn nicht ernst. Er war blind, also außer Konkurrenz. Sie dachten, er habe weder das Recht noch die Möglichkeit, bei einem weiblichen Wesen glücklich zu sein. Krüppel... der Stachel saß für alle Zeit.

Es wurde ein äußerlich belangloser, aber innerlich

schlimmer Heimweg. Zu Hause schloß sich Reinhold sofort in sein Zimmer ein, was er sonst nie tat, und begann wie ein Rasender zu toben. Zum ersten Mal hatte er geahnt, wie es sein würde, ein Mädchen im Arm zu halten. Gleichzeitig wurde ihm unmißverständlich klar gemacht, daß ihm diese Seligkeit für immer verschlossen zu sein hatte.

Blind! Und entstellt! Er hatte es vergessen. Oder nur verdrängt? Er warf eine Vase zu Boden, daß sie in tausend Scherben zersprang. Wozu überhaupt diese Vase im Zimmer? Er sah die Blumen ja doch nicht! Bisher hatte er sein Gebrechen leicht getragen, er hatte viel anderes dafür bekommen: das geistige Geheimnis der Dinge, das die oberflächlich Sehenden gar nicht erfaßten.

Aber nun dieses! Er hatte doch auch Sehnsucht nach Liebe und Zärtlichkeit!

Sybille... ein bißchen Barmherzigkeit, ja das übten sie alle gerne! Aber wenn es galt, dann schnitten sie ihm rücksichtslos das Recht auf Leben und Liebe ab, ließen ihn an seinem inneren Feuer verbrennen und allein in der Finsternis!

Er hätte vergehen mögen vor Scham.

Er weinte selten, aber nun warf er sich schluchzend über den Tisch. Eine Mücke lief ihm über den Handrücken. Sie ärgerte ihn. Nie, nie würde es ihm gelingen, eine Mücke zu fangen, ihm, der mit seiner Musik in Himmelshöhen steigen wollte! Was sollte er eigentlich in dieser Welt der Augenmenschen? Er war lediglich eine Art Betriebsstörung.

Nur jetzt mit niemandem sprechen müssen! Aber sie würden keine Ruhe geben, die Mutter nicht, und nicht Luise. Sie würden trösten wollen, wo kein Trost hinreichte.

Luise war längst aufgewacht und saß im sommerlichen Nachtgewand an Anna Barbaras Bett.

»Wenn er sich nur nicht verletzt, Mutter. Hast du das Klirren gehört? Er sieht ja nichts bei seinem Herumtoben.«

Die Mutter richtete sich auf.

»Geh wieder zu Bett, Luise. Zunächst muß er es mit sich selbst ausmachen. Ich kann mir vorstellen, was los ist. Er ist völlig außer sich, er muß erst ruhiger werden, ehe gutes Zureden einen Sinn hat.

Anna Barbara wartete lange. Danach mußte sie ausdauernd an die Tür klopfen, bis Reinhold sich überwand, ihr zu öffnen. Sie zog ihn aufs Sofa.

»Hat's dich erwischt? Heut abend? Ich bin darauf gefaßt!«

»Ach, das verstehst du nicht, Mutter! Laß mich in Ruh' und wühl' nicht in meiner Seele herum!«

»Und *ob* ich das versteh! Bin sehr jung Witwe geworden, weiß wohl um die Unruh' von Leib und Seel'. Wir Menschen sind auf Liebe angelegt, und wenn man es auch nicht gerade »Liebe« nennen kann, was jetzt in dir aufgewacht ist, so hat es doch sehr viel Macht über uns. Du bist jetzt ein erwachsener junger Mann und du wirst lernen müssen, in der richtigen Weise damit umzugehen. Es bleibt dir gar nichts anderes übrig.«

Im schwachen Licht der Gaslaterne von der Straße herauf sah sie, daß er sich an den Glasscherben der Blumenvase blutig geschnitten hatte. Sie tupfte die Wunde ab und spürte, wie er sich unter ihrer Berührung beruhigte.

»Selbstmitleid hilft dir keinen Schritt weiter, mein Sohn. Übrigens haben wir Sehenden es ebenfalls schwer mit diesem inneren Aufruhr. Auch wir können meist nicht so, wie wir wollen!«
»Pah, wie abgeklärt du daher redest, madre mia! Mir ist, als hätte man mir die Tür zum Paradies zugeschlagen!«
»Die Tür zum Paradies... Ja, so gaukelt es die Phantasie uns vor. Einen kleinen Trost habe ich dir: solche heftigen Gefühle dauern nicht ewig. Wir Menschen würden das gar nicht aushalten. Damit will ich nicht sagen, daß es leicht sei, mit ihnen fertig zu werden. Aber es ist auch nicht unmöglich.«
»Amen. Hör auf, Mutter!«
»Wie heißt sie denn, Reinhold?«
»Sybille.«
Die Mutter schwieg. Schließlich erhob sie sich.
»Ich denke, es ist so, Reinhold: Wir alle haben an irgendeiner Stelle unser Opfer zu bringen. Kein Leben bleibt ohne Opfer. *Du* mußt es vielleicht in der Liebe bringen, ich weiß es nicht. Das ist gerade für dich, der du so viel Wärme in deinem Wesen hast, besonders schwer. Doch die Welt lebt nun einmal vom Opfer, auch wenn es aussieht, als lebe sie vom Geld. Du wirst dadurch in deiner Kunst eine Tiefe erlangen, die andere Menschen zu einem höheren Leben befreit.«
»Befreien! Ich will niemanden befreien!«
»Nun denn, was willst du eigentlich? Frag' dich das mal ernstlich!«
»Gar nichts will ich. Vielleicht will ich mich umbringen!«
Sie lachte leise.

»Ja, das kennen wir. Billiger geht es nicht. Wer sagt denn, daß das klappt mit dem Umbringen von Seele und Geist? – Du bist Künstler! Gestalte nun dein Lebenskunstwerk! Werde ganz du selbst, mit all den Grenzen, die dir auferlegt sind! Im übrigen wäre es doch jammerschade um all die viele Mühe, die du an dein Cellospiel gewandt hast!«
Nun mußte auch er unwillkürlich lachen.
»Mutter, du bist unwiderstehlich! Es ist mir eine Ehre, dein Sohn zu heißen und damit hoffentlich einiges von dir geerbt zu haben!«
Endlich schien die Erdbeerbowle ihre Wirkung zu tun. Ermüdet ließ er sich zu Bett bringen. Die Mutter räumte noch das Nötigste auf und wartete, bis er eingeschlafen war. Nun war er nicht mehr ihr kleiner Bub... Wieder war eine neue Stufe des Loslassens verlangt. Bei ihrem behinderten Kind fiel es ihr am schwersten.

Am anderen Tag kam Wehmeyer und brachte seine Schachfiguren mit. Dann ermunterte er den Freund zum Musizieren. Er sorgte dafür, daß Sybille nie mehr mit Reinhold zusammentraf. So fand dieser mit der Zeit sein inneres Gleichgewicht wieder und nahm sich vor, aus der Not eine Tugend zu machen, indem er sein Cellospiel intensivierte. Auch zum Spazierengehen fand sich während der guten Jahreszeit immer jemand, und die Bewegung in frischer Luft, etwa im Kräherwald oder am Feuersee, tat ihm wohl.
»Dein Spiel hat deutlich an künstlerischer Reife gewonnen, Reinhold«, sagte Johannes Urlaub im Lauf

des Herbstes. »Man spürt, du bist der Kindheit entwachsen. Es wird ein hervorragender Cellist aus dir werden. Deine Begrenzungen haben dich zur Konzentration gezwungen, du hattest gar keine Möglichkeit, deine Tage zu vertändeln. Wir haben ja nicht zu wenig Zeit, sondern zu wenig Konzentration, das ist's.« Er stellte behutsam Reinholds Cello beiseite. »Ich sage immer noch ›du‹ zu dir, obwohl du doch jetzt ein erwachsener Mann bist. Wollen wir nicht Brüderschaft trinken?«
Er holte eine große Flasche Sekt. Es wurden zwei, schließlich drei Flaschen.
»Wir werden unser Cello tauschen«, sagte der Lehrer mit bereits schwerer Zunge. »Das meinige ist besser. Und dir gehört die Zukunft. Wir werden in Bälde zusammen nach Petersburg ziehen, die politische Lage hat sich entspannt. Und wir werden herrliche Jahre dort verbringen, wir beide!«
Er küßte Reinhold auf die Stirn. Unvermittelt überschüttete er ihn mit Zärtlichkeiten. Ein fremdes Unbehagen durchschauerte den jungen Mann. Es war, als sei etwas Unheimliches, Fremdartiges in den Raum gekommen. Plötzlich empfand er die distanzlose Nähe des geliebten Lehrers unerträglich. Große Güte, hatten sie denn beide schon so viel getrunken?
»Wir haben über den Durst gebechert, Brüderschaft, weißt du«, erklärte er Luise, die ihn abholte und sich über seine Verwirrung wunderte.

Für die nächste Unterrichtsstunde entschuldigte er sich. Wehmeyer, der ihn begleiten wollte, durchschaute die fadenscheinige Ausrede.

»Was ist? Habt ihr Meinungsverschiedenheiten gehabt?«
»Im Gegenteil – wir haben Brüderschaft getrunken. Urlaub gab mir sogar sein gutes Cello.«
»Aber es hörte sich an, als wolltest du deinen Unterricht bei ihm abbrechen. Das geht nicht. Du hast ihm alles zu verdanken. Er war ein Glücksfall für dich!«
»Jawohl, er *war*! Als er mir sein Cello gab, merkte ich: So viel Nähe halte ich nicht aus. Du verstehst das nicht, Wehmeyer. Es war ein wunderbares Lehrer-Schülerverhältnis, besser: Vater-Sohn-Verhältnis, da ich jetzt ›du‹ zu ihm sagen soll. Aber es ist zu Ende. Ich habe gelernt, was bei ihm zu lernen war. Mehr geht nicht.«
Wehmeyer schwieg. Ein hellhöriges Schweigen.
»Ist Urlaub eigentlich verheiratet?« fragte er schließlich.
»N- nein! Wieso fragst du? Gehört das hierher?«
Eine Pause entstand. Beide spürten ihre gegenseitigen Gedanken. Schließlich seufzte Reinhold auf.
»Wie habe ich ihn geliebt! Er war so reich an künstlerischem Empfinden! Er ahnte, wie sehr wir Menschen die Kunst brauchen. Gewiß war er auch manchmal schwierig, sehr schwierig sogar. Aber ich verstand ihn. Ich konnte ihn auffangen. Ja, ich hatte eine große Lebensstunde mit ihm. Nun ist sie vorbei. Es tut mir selbst am meisten weh. Ich werde den Unterricht nicht abrupt abbrechen, das paßt nicht zu unserem gewachsenen Verhältnis. Aber ich werde ihn im Lauf der kommenden Monate abschließen.«
»Und was hast du für Pläne? Ich spüre, daß du bis in die Fingerspitzen mit neuen Ideen gespickt bist.«

»Ich werde mich mit Professor Hugo Becker* bekannt machen. Er ist gebürtiger Mannheimer, allerdings viel unterwegs. Aber ich hörte, daß er sich zur Zeit in Frankfurt aufhält. Vielleicht darf ich ihm vorspielen. Dann sehen wir weiter.«

Zur folgenden Unterrichtsstunde ging Wehmeyer mit und blieb die ganze Zeit dabei. Johannes Urlaub empfing die beiden Freunde unbefangen. Er schien den merkwürdigen Abend völlig vergessen zu haben. So wurde es ein guter Nachmittag, vor allem auch deshalb, weil Reinhold sicherer und freier geworden war, seit er an Hugo Becker geschrieben und postwendend einen Vorspieltermin erhalten hatte.

»So kann ich denn mit gutem Gewissen wieder nach Petersburg zurückkehren«, meinte Wehmeyer, nachdem er davon erfahren hatte. »Du wirst dich zurechtfinden. Die Trennung von dir fällt mir schwer, aber ich kann nicht länger in Stuttgart bleiben. Ich weiß jedoch einen feinen Kameraden als Ersatz für mich. Ich habe ihn auf dem Schloßplatz kennengelernt, er ist Stuttgarter und wird dich nicht so schnell verlassen wie ich.«

In den nächsten Tagen wartete Reinhold umsonst auf den Freund. Seine Vermieterin brachte einen Brief von ihm; er hatte ihnen beiden den Abschiedsschmerz ersparen wollen und war abgereist.

Schon eine Woche später mußte Luise ihre Näharbeiten im Stich lassen, um den Bruder nach Frankfurt zum Vorspiel zu begleiten. Manch teilnehmender Blick streifte das hübsche Mädchen und den jungen

---

*) Hugo Becker, (1868–1941) führender Cellist seiner Zeit. Er galt in seiner Jugend als Wunderkind.

Musiker. Die Geschwister waren voll ausgelassener Freude über die abwechslungsreiche Reise. Luise sah mehr, als heute manche Menschen auf einer Amerikareise erfassen. Beide waren sie voll Hoffnung, daß Reinhold die Prüfung bei dem berühmten Professor mit Auszeichnung bestehen werde.

Zu neuen Ufern

*Licht senden in die Tiefe des
menschlichen Herzens –
des Künstlers Beruf.*

Robert Schumann

Was für ein seltsamer Vorspielraum, dachte Luise, als sie in Frankfurt den schmalen, leeren Saal betrat, zu welchem Professor Hugo Becker den jungen Cellisten bestellt hatte.
Reinhold fand sich jedoch schnell zurecht. Den Wänden entlang liefen Holzbänke für eventuelle Zuhörer. Ansonsten schien die spärliche Möblierung vom Fußboden bis zur Decke nur vom Standpunkt der Akustik aus eingerichtet worden zu sein. Der Professor ließ nicht lange auf sich warten. An seiner Stimme und am Händedruck erkannte Reinhold die Sicherheit einer welterfahrenen, ernsten Persönlichkeit.
Es war bekannt, daß Hugo Becker mit Clara Schumann und Johannes Brahms befreundet gewesen war. Man wußte um seine hohen künstlerischen Ansprüche. Dem jungen Prüfling aber schien es, als erwarte der Professor nicht allzu viel von ihm.
Er hatte sich zum Einstieg die Suite Nr. 3 in C-Dur für violoncello solo von J. S. Bach vorgenommen. Danach sollte der Professor aus anderen vorbereiteten Stücken wählen dürfen. Schon nach den ersten Tönen fühlte Reinhold, daß ihm hier ein sachkundiger und zugleich

liebevoller Zuhörer gegenübersaß. Das ließ ihn rasch die äußeren Umstände vergessen und lockte bisher verborgene Möglichkeiten aus ihm heraus, so daß er über sich selbst erstaunt war. Anschließend hatte der Professor noch einige andere Vorspielwünsche und war recht gründlich dabei.
Als Reinhold geendet hatte, blieb es lange still um ihn. Nach einer ihm unendlich dünkenden Pause griffen zwei Hände nach ihm und hielten ihn fest.
»Was wollen Sie bei mir noch lernen?« fragte der Professor mit belegter Stimme. »Ich *ahne* ja nur den Einsatz, der hinter Ihrem Spiel steht.«
Er schwieg. Luise sah Tränen in seinen Augen.
»Sie haben ein ganz sicheres künstlerisches Empfinden«, fuhr Becker fort. »Sie könnten ein ausgezeichneter Cellist werden, in gewisser Hinsicht sind Sie es mit Ihren 23 Jahren jetzt schon!«
Reinhold seufzte.
»Und Sie sagen das gewiß nicht aus Mitleid? Verzeihen Sie, aber unsereiner wird mißtrauisch.«
»Verständlich, doch ich bin ganz aufrichtig. Das bin ich der Qualität Ihres Vortrages schuldig. Und eben deshalb muß ich gleich anfügen, daß Sie bei mir wegen des Unterrichts nicht an der passenden Stelle sind. Ich bin viel auf Konzertreisen, muß in allernächster Zeit wieder nach London. Glauben Sie nicht, ich wolle Sie abschieben! Ich habe vielmehr einen Plan, der mir im Blick auf Ihr Weiterkommen viel sinnvoller erscheint. Ich werde Ihnen ein Empfehlungsschreiben an einen hervorragenden Kollegen mitgeben. Er ist erster Cellist am Gewandhausorchester in Leipzig, lehrt am dortigen Konservatorium und ist ein

ausgezeichneter Pädagoge, das ist im Blick auf Ihre Behinderung wichtig.«
»Meinen Sie Professor Julius Klengel?«
»Gewiß. Kennen Sie ihn?«
»Nicht persönlich. Aber welcher Cellist kennt seinen Namen nicht? Mein Lehrer hat mit mir auszugsweise nach Klengels Celloschule gearbeitet.«
»Wie schön, daß Sie informiert sind! Wenn Sie also morgen noch in Frankfurt bleiben, können Sie sich den Brief gleich abholen.« Mit warmem Gruß entließ der Vielbeschäftigte die Geschwister.

Noch vor Einbruch des Winters erhielt Reinhold den Bescheid, daß er nach Weihnachten zu einem Vorspiel bei Professor Julius Klengel in Leipzig erwartet werde.
Johannes Urlaub, der nichts von den Plänen seines Schülers wußte, wagte es, mit ihm den damals recht modernen und noch nicht sehr bekannten russischen Komponisten Peter Tschaikowsky (1840–1893) nach dem Gehör zu erarbeiten, weil keine Noten in Blindenschrift greifbar waren. Er ahnte nicht, wie wichtig gerade diese Kenntnisse für Reinhold in Leipzig werden sollten.

Die Eisenbahnverbindungen zu der aufblühenden Handels- und Kulturstadt Leipzig in Sachsen waren inzwischen recht gut, und so machten sich die Geschwister eines Tages wiederum zu einer Vorspielreise auf den Weg.
Die Prüfung fand im Leipziger Konservatorium statt. Reinhold trug die Suite in c-moll, (BWV 1011) vor.

Julius Klengel (1859-1933) war als hervorragender Lehrer bekannt und im Umgang mit jungen Künstlern geübt. Er beachtete Reinholds Blindheit überhaupt nicht, sondern konzentrierte sich ausschließlich auf dessen Spiel. Auch er war beeindruckt. Beide Männer empfanden sofort Sympathie füreinander. Klengel nahm Reinhold spontan zu einer Probe des Gewandhausorchesters mit, das in jenen Jahren unter dem Dirigenten Arthur Nikisch* eine Glanzzeit erlebte. Dieser befaßte sich ebenfalls neu mit Tschaikowsky und war beglückt über die überraschenden Kenntnisse des süddeutschen Gastes. Im Nu befanden sich die drei Musiker in lebhaftem Austausch, und Reinhold war bei den anspruchsvollen Leipzigern sofort anerkannt. Professor Klengel trug ihn fürs kommende Semester als Schüler in seinen Unterrichtsplan ein.

Auf der Heimfahrt beim geschäftigen Dreivierteltakt des D-Zuges überlegte Reinhold, wie er dem guten Johannes Urlaub seine Zukunftspläne darlegen könnte, ohne daß dieser die Fassung verlor. Denn er kannte seinen Lehrer und dessen Vorstellungen.

In der nächsten Unterrichtsstunde überwand er sich und berichtete vorsichtig von Hugo Becker, Julius Klengel und seinen Studienabsichten in Leipzig. Urlaub reagierte ungewöhnlich heftig.

»Damit bist du für mich verloren! Du hast mir meine Zukunft und meine Freude am Leben vernichtet«, rief er. »Du weißt genau, daß es von jeher meine Absicht war, mit dir nach St. Petersburg zu ziehen, sobald du

---

*) Arthur Nikisch (1855-1922), damals Dirigent des Leipziger Gewandhausorchesters und der Berliner Philharmoniker.

konzertreif wärest. Das russische Publikum, das einen ganz anderen Bezug zum Leiden hat als die westlichen Menschen, hätte dich auf Händen getragen. Wehmeyer wäre auch dort gewesen. Alles, was ich hatte, habe ich in dich gelegt. Und nun läßt du mich im Stich. Das wird sich rächen!«

Was war er doch für ein wertvoller und zugleich komplizierter Mensch! Er wollte seinen Schüler mit allen Fasern des Leibes und der Seele in Besitz nehmen. Aber genau diesen Wunsch konnte ihm Reinhold auf Grund seiner Persönlichkeitsstruktur nicht erfüllen. Schweren Herzens rang er sich während der heftig geführten Diskussion zu der Erkenntnis durch, daß Urlaub nicht für eine ruhige Freundschaft angelegt sei, wie er sie sich heimlich trotz allem erhofft hatte. Es würde wohl das Beste sein, es so zu machen wie bei einer leidenschaftlichen, unerfüllbaren Liebe: Man setzt einen scharfen Trennungsstrich.

»Geh und komm nie wieder«, stöhnte der tief verletzte Lehrer, als Reinhold sich noch einmal in besonderer Weise bei ihm bedanken wollte. »Ich will dich nie wieder empfangen, du Treuebrüchiger!«

Nachdem die schwere Eichentür des Urlaubschen Hauses hinter Reinhold ins Schloß gefallen war, meinte er, den Schmerz nicht ertragen zu können. Vielleicht würde er nie wieder jemanden treffen, der ihn so verständnisvoll bei sich aufgenommen hatte. Aber so war das Leben. Es schlug Wunden, die nicht mehr heilten.

Lange stand er mit dem Rücken zur Tür, weil er nicht heimzugehen wagte. Er würde die nötige Konzentration für den Weg jetzt nicht aufbringen. Wieder einmal galt es, sozusagen auf ein kleines Wunder zu hoffen. Er hatte es schon oft erlebt, daß von irgendwoher Hilfe kam, wenn er nicht weiter wußte. Und das Wunder geschah. Er hörte feste Schritte auf sich zukommen.

»Grüß Gott, Herr Schaad«, sagte eine warme, männliche Stimme in Stuttgarter Schwäbisch. »Ich bin Robert Bayer. Ich wußte, daß Sie donnerstags Unterricht haben und wollte Sie abholen. Wie gut, daß ich Sie noch erreiche! Ihr Freund Wehmeyer hat mir anbefohlen, zunächst sein Ersatz zu sein, bis Sie was Besseres finden. Darf ich Sie nach Hause begleiten?«

Dankbar nahm Reinhold den Arm des Unbekannten. Daß auf diesem Heimweg der Keim zu einer lebenslangen Freundschaft gelegt wurde, wußten die beiden Weggenossen damals noch nicht. Sie paßten aber in der Tat innerlich und äußerlich so gut zusammen, daß man sie für Brüder hätte halten können.

Als Reinhold recht verspätet Luises Nähstube betrat – sie machte sich bereits Sorgen – hatte er sich dank Robert Bayers Zuspruch wieder einigermaßen zurechtgefunden.

»Wehmeyer ist ein Wunder von einem Menschen«, erzählte er. »Er hat einen Kameraden für mich ausfindig gemacht, sozusagen als sein Vermächtnis. Der hat mir geholfen, den Abschied von Urlaub zu überstehen. Robert Bayer hat mir wohl getan.«

»Du kommst mir gerade recht«, lenkte sie ihn ab. »Komm her, ich will dir einen Anzug für Leipzig anmessen. Auch wenn ich keine Herrenschneiderin bin, traue ich mir das doch zu!« Damit wollte sie sich und ihm über ein Stück Traurigkeit hinweghelfen. Denn auch ihr war bange vor dem Abschied des Bruders. Er war jetzt das einzige männliche Element in ihrem stillen Frauenleben, und er hatte immer viel bunte Vielfalt in ihre Stube gebracht.

Noch vor Semesterbeginn erfuhr Reinhold durch eine Blindenvereinigung von einer günstigen Wohnmöglichkeit in Leipzig: die Schwester eines ebenfalls blinden Musikers hatte ein Zimmer frei und wollte den jungen Schwaben gerne aufnehmen.
Um sich gründlich auf Leipzig vorzubereiten, wagte er erstmals allein eine Eisenbahnreise dorthin. Er hat darüber Notizen gemacht, aus denen sich für uns Sehende etwas lernen läßt:

*Als ich in Stuttgart das Zugabteil betrat, spürte ich,
daß eine gedrückte Stimmung sich ausbreitete. Das schmerzte mich. Blindsein an sich ist nicht so schlimm
wie das immer wiederkehrende Empfinden, nicht
gesellschaftsfähig zu sein. Unser Wertgefühl in der Welt
der Nichtbehinderten ist ja sowieso immer ein wenig
angeschlagen. Schließlich fragte ich aufs Geratewohl:
»Ist hier noch ein Platz frei?«
»Ja, dort!«
»Wo bitte?«
»Da! Da!«
Eine angenehme weibliche Stimme sagte endlich:
»Der Eckplatz an der Türe rechts ist noch frei.«
Nun wußte ich, wo ich mich hinsetzen konnte, ohne auf
einem fremden Schoß zu landen. Frauen sind in der Regel in*

solchen Situationen geschickter als Männer.
Erst als mir die Idee kam, eine Zigarre anzuzünden,
wurde der Bann um mich herum gebrochen, und
die Leute begannen wieder miteinander zu reden.
Und schon traf mich die unvermeidliche Frage:
»Entschuldigen Sie, sind Sie ganz blind?«
Wider Willen mußte ich lachen.
»Sie sind heute der Zehnte, der mich das fragt.
Und viele werden noch folgen. Sozusagen
im Schichtwechsel. Also ja, ich bin ganz blind.«
Wir Behinderten scheinen Freiwild für Neugier und
Langeweile zu sein. Und wenn wir uns mal
dagegen wehren, dann haben wir gewiß irgendeinem
guten Herzen weh getan.
Während der Fahrt dachte ich nach über Takt und
Form. Wer Takt hat, kann ruhig Formfehler machen,
ohne zu verletzen. Im Grund ist viel Hilfsbereitschaft
unter den Menschen. Bloß – man hilft nicht immer, wenn
man helfen möchte.
Im Laufe der nächsten Stunden stiegen andere Passagiere zu,
die Stimmen veränderten sich. Und wieder begann dieselbe
Fragerunde:
»Entschuldigen Sie, sind Sie ganz blind?«
»Wann sind Sie erblindet? Können Sie sich allein anziehen?
usw. usw.«
Die meisten Menschen denken, die Augen könnten alles tun,
und sie wundern sich, daß man ohne Augen überhaupt noch
lebt und vor allem – leben will. Dabei bin ich ein ganz normaler Mensch ohne seelische Verstümmelung, der es gar nicht
gern hat, wenn man ihn bemitleidet.
Hinter Fulda stieg eine ältere Dame zu, mit der ich mich
prächtig unterhielt. Sie war entzückend, und ich lauerte

angstvoll auf die unvermeidliche Frage, die mir auf die Nerven geht. (Ich weiß nämlich schon lange, daß ich blind bin.) Aber die Dame stellte sie gar nicht. Auf meine anerkennende Gegenfrage erklärte sie mir:
»Ach, wissen Sie, ich stellte mir vor, ebenfalls blind zu sein. Mein Wesen und mein Verstand wären ja nicht anders. Und ich fragte mich: Wie wolltest du selbst behandelt werden? Wäre es dir nicht peinlich, wenn man dich immer und immer wieder an dein Gebrechen erinnerte?«
»Ich muß vor Leipzig aussteigen«, sagte sie nach einer Weile. »Aber Sie finden sich bestimmt allein zurecht. Der Bahnsteig ist auf der Gegenseite.« Sie verabschiedete sich, und ich kam durch ihren Hinweis gut ans Ziel. Ich hab' die Dame nie geseh'n und lieb' sie, bis mein Herz bleibt steh'n...

Obwohl der Leipziger Hauptbahnhof in jenen Jahren großzügig umgebaut wurde und reichlich chaotisch wirkte, fand die Vermieterin den Gast auf Anhieb. Reinhold fühlte sich vom ersten Augenblick an geborgen in der übersichtlichen Wohnung unter verständnisvollen Menschen. Mit Hilfe eines Stockes eroberte er sich die Wege zur Straßenbahn, zur Akademie und zu Professor Klengel.

Nach seiner Rückkehr brach er langsam seine Zelte in Stuttgart ab. Besonders schwer fiel ihm der Abschied von der Herzogin Wera. Sie zeigte Verständnis für den Bruch mit Johannes Urlaub.

»Ich will Sorge tragen, daß Ihr beide nicht gerade bei mir zusammentrefft«, scherzte sie. Leider war sie in letzter Zeit nicht immer gesund gewesen. Trotzdem hatte sie ihre geplante Stiftung eines »Weraheimes« erfolgreich durchgeführt, und Reinhold freute sich mit seiner Gönnerin, daß sie ihre Lebensaufgabe, wie sie sagte, vollenden könne.

Die jungen Russen, die nun wieder großenteils nach St. Petersburg zurückgekehrt waren, hatten versprochen, ihren Studenten einmal in Leipzig zu besuchen, so weit sei es schließlich nicht. Die meisten kannten Professor J. Klengel, der schon in St. Petersburg konzertiert hatte.

Auch der Abschied von Mutter und Schwester war nicht leicht. Robert brachte den Freund und sein Gepäck nach Leipzig. Luise stand am Zug in Stuttgart und winkte, obwohl sie wußte, daß Reinhold sie nicht sehen konnte. Dann ging sie über den Hoppenlauffriedhof nach Hause, machte dabei aber einen Umweg, denn sie hatte kurz zuvor eine Hochzeitsgirlande über der schön gestalteten Haustüre des Schreinermeisters Hellwig entdeckt.

In Leipzig

*Ich verbrenne an meinem eigenen
Maßstab.*

Christian Morgenstern

Leipzig war vor dem Ersten Weltkrieg eine gepflegte, lebendig pulsierende Stadt, voller Kunst und Musik! (Den Titel »Heldenstadt hat sie erst in jüngster Zeit bekommen, und es verbirgt sich eine notvolle Geschichte dahinter.)
»Als ich im Jahr 1908 mein Musikstudium dort begann«, erzählte Reinhold einmal, *»hatte die Großstadt Leipzig europäisches Flair. Europa war vor dem Krieg etwas Einmaliges in der Welt; man war stolz darauf, wenn man als Europäer geboren war.«*

Der junge Musiker genoß den fröhlichen Optimismus der Stadt. Später hat er seine Leipziger Jahre als die glücklichste Zeit seines Lebens bezeichnet. Er gewann rasch hilfsbereite Freunde unter den Studenten. Freilich waren sie sehr unterschiedlichen Geistes; manche waren richtige Querdenker. Dem Stuttgarter waren vor allem die manchmal sehr ausgeprägten sozialistischen Strömungen unter den jungen Leuten neu. Es ist nicht zu bestreiten, daß er sich von ihrem Geist anstecken und für die sozialistischen Ideen begeistern ließ. Die dortige deutsche Arbeiterbewegung stand in hohem Ansehen; Reinhold ließ sich täglich aus ihrem

Sprachrohr der »Leipziger Volkszeitung«, vorlesen. Der Leipziger Rechtsanwaltssohn Karl Liebknecht beeindruckte ihn tief.

Die Freunde schleppten Reinhold aber nicht nur zu Arbeiterversammlungen, sie besuchten mit ihm Veranstaltungen aller Art und freuten sich an seinem kritischen, aufmerksamen Urteil. Sie nahmen ihn auf ihre Landpartien mit und lehrten ihn sächsisch, das er bald mit unnachahmlichem Charme deklamierte:

»Man muß äs Läm äm näm, wie's Läm äm is!«

Sie holten ihm Karten für Konzerte und Theater, bei denen sie seine Vorstellungskraft bestaunten. Sie erklärten ihm Museen und die herrlichen Leipziger Bauten, das architektonisch wertvolle Rathaus oder die Nikolaikirche. Sie hoben ihn zum Bachdenkmal empor und ließen sich von seiner Beobachtungsgabe anstecken. Auch das Völkerschlachtdenkmal, das noch im Bau war, erweckte sein lebhaftes Interesse.

»Es geht mir wie einst dem Mozart, den ich zitieren möchte«, schrieb er der Mutter nach Hause, *»ich fühle mich wohl unter den Leipziger Musikern.«*

Er hatte nicht nur Freunde, er *war* auch Freund.

Besonderen Genuß bereitete ihm der Unterricht bei Professor Julius Klengel. Dieser erfaßte sofort, worauf er bei Reinhold zu achten habe. Es ist von unschätzbarem Gewinn, wenn man wenigstens ein einziges Mal in seinem Leben einer wirklichen Lehrerpersönlichkeit begegnen darf, und Julius Klengel wurde diesem Ziel gerecht.

Auch mit dem Gewandhausorchester ergaben sich Kontakte. Unter Arthur Nikisch, der eine Zeitlang außerdem die Berliner Philharmoniker dirigierte, wurden Spitzenleistungen erwartet. Es war für den jungen Schwaben eine hohe Ehre, als Nikisch ihn einmal anstelle eines überraschend erkrankten Cellisten in Berlin einsetzte. Seine gute Kenntnis einer Tschaikowsky-Sinfonie* machte diesen unvorhergesehenen Einsatz möglich.

Wie leicht hört sich bei einem Konzert das Ergebnis jahrzehntelangen intensiven Studiums an! *»Es hat doch im Grunde niemand einen rechten Begriff von der Schwierigkeit der Kunst als der Künstler selbst«*, sagt Goethe einmal. Aber wenn aus dem beherrschten Handwerklichen erst einmal *wirkliche* Kunst geworden ist, dann werden dem Künstler wunderbare, schöpferische Augenblicke geschenkt, die ihn für alle Mühe entschädigen.

Mitarbeiten dürfen an einem großen Kunstwerk, Gemeinschaft erfahren, das Ewige in die Zeitlichkeit hereinholen – Reinhold erfuhr es besonders in Berlin auf einzigartige Weise. Und wenn dann auch noch das Publikum als empfangendes und verstehendes Instrument mitschwingt, wie es in Berlin der Fall war, dann entstehen Höhepunkte im Leben.

Ja, als Höhepunkt empfand Reinhold das Konzert mit den Berliner Philharmonikern. Es war eine einmalige Gelegenheit, die sich so nie mehr wiederholte. Als Cellist saß er rechts vorne, nahe beim Publikum. Obwohl er zuerst recht aufgeregt war, meisterte er seinen Part vorzüglich und wurde in manchen Augenblicken von einer Welle der Glückseligkeit getragen. Dieses

---

*) Reinhold Schaad nannte die Sinfonie Nr. 1. g-moll op. 13 »Winterträume« von Peter Tschaikowsky

Berliner Konzert ist ein Meilenstein in meinem Leben, dachte er.
Es wurde ein Meilenstein – aber in ganz anderer Richtung, als er vermutet hatte. Kaum hatte er sich im Künstlerzimmer den Schweiß von der Stirn gewischt, als eine Dame gemeldet wurde, die dringend Herrn Schaad zu sprechen wünsche. Unvermittelt fühlte Reinhold eine zarte, leicht bebende Frauenhand in der seinigen. Der Duft von teurem Parfüm auf kostbarem Stoff und das gepflegte Deutsch der Besucherin ließen ihn vermuten, daß er es wohl mit einer Dame der gehobenen Berliner Gesellschaft zu tun habe.
»Lieber Herr Schaad«, begann sie mit vor Erregung zitternder Stimme. »Ich werde meinen Namen nicht nennen, denn er tut nichts zur Sache. Sie sind ein vorzüglicher Musiker. Sie haben es nicht nötig, mit Ihrer Blindheit Mitleid zu erregen.«
Es war wie ein Sturz aus Himmelshöhen in die Niederungen des Alltags.
»Aber sehr verehrte, gnädige Frau«, rief Reinhold empört, »es ist das Letzte, was ich will. Wie kommen Sie darauf?«
»Es geschieht unwillkürlich bei Ihrem Anblick. Ich möchte Sie nicht verletzen, aber...«
Heftig unterbrach Reinhold sie ein zweites Mal:
»Können die Menschen den Anblick eines Blinden nicht ertragen? Statt daß sie dankbar wären, es leichter zu haben! Es ist ein Armutszeugnis!«
»So ist es«, erwiderte die Dame leise. Aber dann gewann sie ihre innere Festigkeit wieder: »Ich wollte Sie nicht beleidigen, es wäre auch bei mir das Letzte, was ich möchte!«

»Gnädigste, ich gebe mir die größte Mühe«, fuhr Reinhold fort, »mich – manchmal bis zur Selbstaufgabe – nach den Augenmenschen zu richten. Ich weiß ja, daß ich die Ausnahme bin und sie die Regel.« Und plötzlich überfiel den jungen Mann eine abgrundtiefe Erschöpfung. Die nie zu überwindenden Eindrücke aus der Kindheit holten ihn wieder ein. »Ich weiß, daß ich ein Krüppel bin«, murmelte er bitter.
Taktvoll überhörte ihn die Dame. Dann jedoch sagte sie entschlossen:
»Es ist unumgänglich, daß Sie eine dunkle Brille tragen, die Ihre Augen verdeckt. Ich möchte Ihnen morgen beim Kauf einer Brille behilflich sein. Ich lasse Sie nicht aus Berlin fort, ehe Sie meine Bitte erfüllt haben.«
»Sie sind unwiderstehlich, meine Teuerste!« Reinhold fand seinen Humor wieder: »Wie heißt es im Talmud? ›Gleich zu achten den Toten sind die Blinden.‹ Ich will aber *leben!* Sie meinen also, eine dunkle Brille könnte mir helfen? Nun, wir wollen sehen! Ich finde solch unnötiges schwarzes Gestell auf der Nase lachhaft und hinderlich. Aber bitte! Sie können über mich verfügen!«

Sein ganzes Leben lang hat Reinhold nach jenem Einkaufstag dankbar an die unbekannte Dame zurückgedacht. Denn mit dem Tragen einer dunklen Brille geschah tatsächlich wieder einmal ein Wunder: Die Menschen, Männer wie Frauen, begegneten ihm anders als zuvor. Plötzlich war er einer von ihnen. Warum nur hatte ihm bisher niemand zu einer Brille geraten? Anscheinend hatte alles Verunglückte und

Leidende die ungeschriebene Pflicht, sich still zu verkriechen. Christen nannten sich alle Leute um ihn herum. Aber die Worte des Mannes aus Nazareth gingen ihnen im Grunde gegen den Strich.
Nun jedoch blieb sein Gebrechen unter der Brille versteckt, und da er sich sehr geschickt bewegte, vergaß man es.

Zuweilen wurde er in Klengels kinderreiche Familie eingeladen. Jedes Kind spielte ein Instrument; zusammen mit der großen Verwandschaft wurden manchmal geradezu podiumsreife Konzerte dort aufgeführt. Im offenen Haus, das Frau Klengel führte, waren von jeher alte und junge Musiker aus- und eingegangen. Etwa Johannes Brahms, der zu Klengel gesagt hatte: »Ich habe von Ihrer phänomenalen Technik gehört, aber ich hätte solche Wunderdinge auf Ihrem Instrument nie für möglich gehalten.«
Auch Mendelssohn-Bartholdy war einmal dagewesen, Arthur Rubinstein auf einer Fahrt nach Lodz. Oder Josef Joachim und Karl Straube, der Organist der Thomaskirche und spätere Thomaskantor. Reinhold begrüßte dort auch den gleichaltrigen Pianisten Wilhelm Backhaus und den wenig jüngeren Wilhelm Furtwängler, der später Arthur Nikischs Nachfolger wurde. Man musizierte, komponierte und improvisierte, daß es eine Freude war. Manchmal kamen auch die Herren vom Musikverlag Breitkopf und Härtel, und Reinhold erfuhr durch ihre Schilderungen, wieviel Aufmerksamkeit der Notendruck erforderte. Ein einziger Druckfehler konnte endlose Debatten auslösen.

Besonders gerne erarbeitete Klengel seine eigenen Kompositionen mit dem Blinden. Da Reinhold sein Gedächtnis außerordentlich geschult hatte, konnte er vieles aus dem Gehör aufnehmen und so entfiel das lästige Notenschreiben und Diktieren auch für den Komponisten.
Nach dreijährigem, sich abschließendem Studium in Leipzig bestellte Klengel seinen Meisterschüler eines Abends zu sich.
»Professor Max Pauer aus Stuttgart, den Sie ja als Leiter des dortigen Konservatoriums kennen, würde gerne mit mir im nächsten Jahr ein Konzert in Württemberg aufführen. Hätten Sie Lust, Schaad, mit mir in Ihrer Heimatstadt zu konzertieren? Ich arbeite zur Zeit an einer Komposition für zwei Violoncelli und Orchester, in e-moll. Wir würden dann eine Uraufführung in Stuttgart starten. Wenn alles glatt geht, möchte ich Sie anschließend am liebsten nach Wien empfehlen, wo ein Schüler von mir, Paul Grümmer, an der Akademie arbeitet. Damit wären Sie ein gemachter Mann. Und für uns Ältere ist es einfach schön, zu erleben, daß immer wieder junge hervorragende Musiker nachwachsen. Wollen Sie sich meinen Vorschlag überlegen?«
Reinhold machte sich mit Eifer an das Studium des neuen Klengel'schen Konzertmanuskriptes. Er lernte beide Cellostimmen auswendig. Nicht ohne Weh dachte er dabei an Johannes Urlaub, mit dem er gerne ein Doppelkonzert aufgeführt hätte. Er hatte ihm einige Male geschrieben, aber nie eine Antwort erhalten.

Das gut vorbereitete Konzert fand im Herbst 1911 in der bereits erweiterten und renovierten Stuttgarter Liederhalle statt. An den Litfaßsäulen prangten die Namen der beiden Solisten. Die wenigen russischen Freunde, die noch in Stuttgart wohnten, erklärten, sie hätten es immer gewußt, daß sich hinter Reinhold ein Genie verberge.

Sowohl Julius Klengel als auch Reinhold Schaad waren in Stuttgart nicht mehr unbekannt, und so war der Konzertsaal voll besetzt. In den vorderen Reihen saßen sie alle, die Reinhold von Kind auf begleitet hatten, die Lehrkräfte der Blindenschule, ein paar Mitschüler, der Bauführer Martin, Schwester Else und die Putzfrau Christiane, die Herzogin Wera mit einigen Hofdamen und natürlich Robert Bayer mit Anna Barbara und Luise. Johannes Urlaub fehlte.

Es wurde ein großer Tag für den jungen Mann. Nachdem das letzte überprüfende Stimmen der Instrumente verklungen war, führte Professor Klengel den jungen Musiker diskret in den Saal. Begeistertes Klatschen rauschte auf. Ja, die Stuttgarter waren stolz auf ihren blinden Künstler!

Max von Pauer trat ans Dirigentenpult, die knisternde Spannung im Saal wuchs. Er hob den Taktstock, es wurde mäuschenstill. Das Konzert begann: Reinhold hatte heftiges Lampenfieber, aber er überwand es bald. Die guten Wünsche aus dem Publikum trugen ihn spürbar. Die konzentrierte Aufmerksamkeit der Zuhörer teilte sich ihm mit und er begann sich bereits wohl zu fühlen auf dem Podium, als er plötzlich merkte, daß irgend etwas nicht stimmte. Er hörte Klengels Stimme nicht mehr. Was war los? Ach,

warum konnte er jetzt nichts sehen, um sich durch Blicke zu verständigen!
Es dauerte einige Sekunden, bis er erfaßt hatte, was passiert war: Klengel hatte seinen Part verwechselt, er spielte jetzt Reinholds Stimme. Sofort sprang Reinhold in die Partitur des Lehrers über, dankbar dafür, daß er beide Stimmen beherrschte. Gleichzeitig wachte er angespannt auf den Augenblick, in dem Klengel sein Versehen bemerken würde. Dies geschah auch nach einiger Zeit, und Reinhold spielte seinen eigenen Part weiter, als sei nichts geschehen. Ob der Professor oder der Dirigent überhaupt etwas gemerkt hatte?
Nach dem letzten Ton des Konzertes brandete begeisterter Beifall auf; das Klatschen wollte kein Ende nehmen. Das Publikum erhob sich. Diese ehrfürchtige Haltung galt außer dem Komponisten vor allem auch dem Stuttgarter Cellisten Reinhold Schaad.
Im Künstlerzimmer fiel der Professor dem jungen Freund um den Hals.
»Schaad, Schaad, Sie haben mich gerettet! Es war ein furchtbarer Augenblick, als ich meine Verwechslung entdeckte! Ich muß ziemlich lang in Ihrer Partitur gewesen sein! Ja, so kann es einem ergehen, wenn man eigene Kompositionen vorträgt!«
Noch lange saß die Orchestergesellschaft beisammen. Niemand machte ein Hehl aus seiner Hochachtung für den jungen Musiker, der sich so unauffällig bewegte, als habe er gesunde Augen. Robert, der als erster ins Künstlerzimmer gestürmt war, hatte zudem eine besonders glückliche Art, mit Reinhold umzugehen. Die Luft roch bereits nach Morgenfrühe, als der

Freund den Gefeierten nach Hause begleitete. Während sie in die Ludwigsstraße einbogen, blieb Reinhold plötzlich stehen.

»Robert, ich muß meinen Kummer bei dir loswerden. Ich habe Schmerzen am linken Zeigefinger. Die ganzen letzten Wochen schon bemerkte ich, daß irgend etwas damit nicht in Ordnung ist. Aber ich wollte unbedingt das Konzert bewältigen. Wie du siehst, ist es ja auch gelungen. Aber jetzt grad ist mir's, als könnte ich keine Saite mehr berühren. Schon die Vorstellung fährt mir durch Mark und Bein. Sogar beim Lesen meiner Bücher spüre ich den Finger.«

»Du hast dich überanstrengt, Reinhold. Morgen werde ich einen Arzt für dich finden. Zeig her! Ach, in der Dunkelheit sieht man nichts! Du hast ja im Augenblick keine Termine und brauchst überhaupt ein bißchen Erholung. Gehen wir weiter!«

Reinhold zögerte noch immer.

»Ich weiß von einem ähnlichen Fall, den ich bei einem ehemaligen Geiger im Gewandhausorchester erlebt habe. Der Mann war ein beachtlicher Musiker, aber er konnte später nie wieder geigen und mußte seinen Beruf wechseln. Robert, mir ist bange! Die Berufschancen für Blinde sind nicht groß, und ich bin von Natur mehr Künstler als sonst etwas. Verzeih, aber ich bin stimmungsmäßig an einem Tiefpunkt angelangt.«

»Das kennt man gar nicht an dir – nach solch einem Erfolg! Du hast dich nach Leib und Seele übernommen!«

»Ich spüre, daß irgendetwas Unheimliches nach mir greift.«

»Du bist überreizt, das ist alles! Schlaf dich erst mal aus!« Aber das Schlafen wollte nicht gelingen. Reinhold war bis ins Innerste aufgewühlt. Mit allerlei Tricks versuchte er, sich zu beruhigen, denn er hatte einige Übung mit Schlafstörungen; bei Blinden reagieren die Tag- und Nachtnerven oft anders. Nichts wollte helfen. Von der Küche herüber hörte er den Wasserhahn in eine Emailleschüssel tropfen. Er hatte diesen Klang schon oft gehört und war mehr als einmal ärgerlich darüber geworden. Heute besänftigte es ihn. Es tropft und tropft, dachte er. So wie mein Herzschlag klopft. Wie lange, niemand weiß es. Jeder niederfallende Tropfen stellt Fragen an mich. Ein Wassertropfen ist etwas Unendliches. Es schien ihm, als fielen die Tropfen durch ihn hindurch und er befände sich auf einem weiten, schaukelnden Meer. So entstand in jener Nacht ein kleines Gedicht, das noch erhalten ist.

Wassertropfenfallgeklingel
stört mich oft bei Nacht,
und ich hab' schon manches Liedchen
nach dem Klang gemacht.

So vertropfen unsre Tage
in das Meer der Zeit,
Doch das Lied, das sie gebildet,
klingt in Ewigkeit.

Selig, wer sein Lied vernommen
schon in dieser Zeit,
dessen Sein hat Sinn bekommen
und wird frei von Leid.

*Halte still, mein Herz, und lausche
allem, wie's geschieht.
Laß die Tropfen ruhig fallen.
Nur so wird dein Lied.*

Schicksalswende

Wenn ich bedenke, wie mein Licht erlosch
und wie die weite Welt mir dunkel ward,
eh ich die Hälfte meiner Tage hab' erreicht,
und wie dies eine Pfund schon nutzlos ruht,
bevor der Tod es raubt, ob auch die Seele
sich müde sehnt, es zu des Schöpfers Ehr'
zu brauchen, daß sie treu erfunden werde
und er nicht zürnt am Tage des Gerichts:
so frag' ich kindlich: Fordert Arbeit Gott
von mir, dem er das Licht versagt?
Geduld, dem Murren wehrend, raunt mir leise zu:
Gott braucht nicht sein Gab', nicht dein Bemühn.
Am besten dient ihm, wer am besten trägt
sein sanftes Joch. Sein Stand ist königlich.
Viel tausend eilen ohne Ruh und Rast
durch Land und Meer auf sein Geheiß.
Doch auch sie dienen ihm,
die ruhig stehen und warten.

John Milton (1608–74),
erblindeter, englischer Dichter

Ernst blickte der Arzt vom Schreibtisch auf.
»Ihr Finger gibt Anlaß zur Sorge, lieber Herr Schaad. Laienhaft ausgedrückt, haben Sie durch zu vieles Üben die Nervenbahnen überreizt. Nun ist die Fingerspitze allzu empfindlich geworden. Jedenfalls brauchen Sie eine längere Behandlung, von der ich heute noch nicht einmal weiß, wie sie auf die Dauer aussehen muß. Auch wir Ärzte sind manchmal am Ende unserer Weisheit. Naturwissenschaft und Tech-

nik sind eben nicht alles beim Kampf gegen eine Störung. Sie müssen mit dem Spielen aussetzen.«
»Das tue ich schon von selbst, es schmerzt sehr!«
»Um so besser, wenn Sie es erst gar nicht versuchen. Bis jetzt ist kein Grund, Ihnen alle Hoffnung zu nehmen. Ich weiß genau wie Sie, daß es so etwas wie Wunder gibt. Aber zunächst brauchen Sie Geduld – viel Geduld sogar!«
»Ich habe mir den Finger durchgespielt«, beschrieb Reinhold später diesen Vorfall. Er mußte sich eingestehen, daß er im Grunde selbst schuld war an dem Dilemma. *»Ich war allzu ehrgeizig, wollte meine Begrenzung durch die Blindheit wortwörtlich überspielen, hoffte auf einen Namen in der Musikwelt – und war schon nahe daran. Aber mit meinem geradezu rasenden Fleiß suchte ich doch vor allem mich selbst. Und genau dieses Streben nach Erfolg, Karriere und Anerkennung sollte mir genommen werden. Ich brauchte lange, um aus diesem Mißlingen neue Energien zu gewinnen.«*
Zunächst war er nun zum Nichtstun verdammt, während gleichzeitig andere ihre Arbeit kaum bewältigen konnten. Auch das Lesen der Blindenschrift war mit einer Hand nur schwer möglich.
Robert Bayer entdeckte eine nette Abwechslung: er brachte die neueste Erfindung mit: ein Grammophon. Reinhold konnte die Kurbel mit einer Hand bedienen, dann erklang aus dem Schalltrichter recht brauchbare Musik.
Besonders willkommen war ihm die Einladung zur Herzogin in die Villa Berg. Ihre Hoheit hatte von seinem Kummer gehört und nahm aufrichtigen Anteil. Sie lag auf dem Diwan, als Reinhold gemeldet wurde. Die knapp Sechzigjährige war in letzter Zeit nicht

immer wohlauf. Sie ließ sich gerade die allegorische, weltberühmte Erzählung des Engländers John Bunyan vorlesen: »Die Pilgerreise zur ewigen Seligkeit.« Reinhold nahm gern an der phantasiereichen Geschichte teil, so etwa, wenn der »Markt der Eitelkeiten« beschrieben wurde oder wenn die Herren »Weltklug«, »Gutwillig« und »Werkheilig« auftraten; wenn die »Madame Seifenblase«, der »Graf Allerweltsfreund« oder der »Pfarrer Zweizüngig« sich vorstellten.*

»Ich beschäftige mich zur Zeit viel mit meiner letzten Reise«, erklärte die Herzogin.

Nach der Kaffeepause weihte sie den jungen Freund in ihre neuen Pläne ein.

»Ich möchte zur Erinnerung an meine fünfzigjährige Ankunft in Württemberg eine Kirche bauen. Ich habe dieses Land und seine Menschen lieb gewonnen.«

Reinhold räusperte sich.

»Eine Kirche, Hoheit?«

»Jawohl, ein evangelisches Gotteshaus, und zwar ganz in meiner Nähe. Sie finden das altmodisch und denken, wir hätten genug Kirchen, so daß sie nicht einmal jeden Sonntag gut besucht sind. Stecken Sie immer noch voller Unglauben, Reinhold?«

»Nein, aber ich bin mit dem Suchen noch nicht fertig.«

»Sie sind ein aufrichtiger Mensch – also werden Sie auch finden.«

»Ich kann eben nicht glauben wie ein altes Mütterchen.«

*) John Bunyan, englischer Geistlicher und Schriftsteller (1628–1688)

Die Herzogin hatte Humor. »Was soll an der schlichten Glaubenszuversicht einer alten Frau wie mir falscher sein, als an Ihren himmelstürmenden philosophischen Gedankengebäuden? Ich weiß manches, denn ich stehe am Ende meines Lebens. Es war nicht leicht, aber nun ist es doch schnell vorübergegangen. Zum Dank will ich ein Zeichen setzen. Wir brauchen Zeichen. Wenn Menschen wie Sie das nicht verstehen, kann ich es nicht ändern. Ich möchte eine Kirche bauen, die vom Wort Gottes genährt wird.«
Reinhold atmete tief durch.
»Sehen Sie, Hoheit, genau an diesem Punkt habe ich meine Bedenken. Ob unsere Kirchen die göttliche Wahrheit so in die Welt hineinbringen, wie Christus sie gemeint hat?«
»Sicher nicht. Es siedelt sich immer viel allzu Menschliches an um alles, was einmal im Heiligen Geist begonnen wurde. Nirgends gibt es Vollkommenheit. Aber das darf mich nicht hindern. Jeder Inhalt braucht sein Gefäß und es ist ein kostbarer Inhalt, – Ich möchte mein Gotteshaus »Heilandskirche« nennen. Das deutsche Wort »Heiland« ist wunderbar. Ich weiß kein ähnliches in den mir bekannten Sprachen. Vor Weihnachten noch soll der erste Spatenstich erfolgen. Und wenn die Kirche fertig ist, wünsche ich mir, daß Sie zur Einweihung wieder Cello spielen.«
Die Wünsche der Herzogin sollten nicht in Erfüllung gehen. Sie hat die Fertigstellung ihrer Kirche (ganz im Jugendstil) nicht mehr erlebt, und Reinhold konnte zur Einweihung nicht Cello spielen.
Herzogin Wera starb im April 1912. Die Tage ihrer Beisetzung waren überschattet von einem Ereignis,

das damals die Menschen erschauern ließ: das riesige britische Passagierschiff Titanic war innerhalb weniger Stunden mit 1500 Menschen ins Meer gesunken. Mit dem Tod der Herzogin wurde Reinholds Leben ein Stück glanzloser, ärmer und einsamer. Die Bekannten aus der Zeit des Studiums waren nun alle beruflich hart eingespannt. Robert Bayer hatte ebenfalls weniger Zeit als früher, ganz zu schweigen von Mutter und Schwester, die mehr denn je in ihrer Nähstube festgehalten waren. Nun galt es, die verborgenen Tiefen der Tage und Stunden zu entriegeln, um nicht in Stumpfheit und Banalität zu versinken. Mit oberflächlichen Ablenkungen war hier nichts erreicht; der junge Mann mußte nach einer neuen Gestaltung für sein Leben suchen. Oft saß er stundenlang am alten Klavier in der Wohnstube und suchte sich bekannte Melodien zusammen. Dann begleitete er sich selbst mit seiner kräftigen Baßstimme, denn Singen befreite ihn von vielen inneren Spannungen. Und eines Abends meinte die Mutter:

»Du hast ja noch ein Instrument, das du ausbilden lassen könntest, deine Stimme!«

»Meinst du? Eigentlich habe ich die Hoffnung auf mein Cello noch nicht ganz aufgegeben. Und ein Caruso* werde ich sowieso nimmer.«

»Trotzdem könntest du die Zeit nützen. So viel ich hörte, kommt Caruso in Bälde nach Baden-Baden. Besuche ihn und frage ihn, was du machen könntest.«

Enrico Caruso war auf der Höhe seines Ruhmes, als Reinhold ihn anläßlich eines Konzertes in Baden-

---

*) Enrico Caruso, 1873–1921 – berühmter italienischer Sänger

Baden aufsuchte. Die Krankenschwester, die seinen Finger behandelte, begleitete ihn.
Caruso verstand ausreichend Deutsch, so daß Reinhold sich verständlich machen konnte. Der große Italiener war ausgesprochen liebenswürdig und ließ sich von Reinholds Schicksal tief bewegen. Er nannte ihm einige Berliner Adressen und meinte, für die Ausbildung einer Stimme sei das Beste gerade gut genug. Er verheimlichte ihm dennoch nicht die mancherlei Mühen eines Sängerlebens und schloß humorvoll mit den Worten:
»Auch Caruso war nicht sofort Caruso! Und er bleibt nicht mehr lange Caruso!«
Auf der Rückfahrt nach Stuttgart erzählte die junge Krankenpflegerin von ihrer kinderlosen Schwester, deren stets abwesender, leidender Mann sie in ihrem wunderschönen Haus allein ließ. In ihrer Einsamkeit habe Marie einen Kreis junger Leute um sich geschart. Reinhold solle auch kommen, er müsse unbedingt wieder mehr unter Menschen. Gerne sagte er zu und bat, seinen Freund Robert mitbringen zu dürfen.
Halb neugierig, halb belustigt betraten die beiden Männer eines Abends die Villa der Frau Marie Walter. Sie ahnten nicht, daß mit diesem Besuch ein neues Blatt in Reinholds Lebensgeschichte aufgeschlagen werden sollte.
Die Hausfrau war eine aufmerksame und geschickte Gastgeberin, zumal sie für ihr großzügig eingerichtetes Haus genügend Hilfskräfte zur Verfügung hatte. Robert beschrieb sie dem Freund als eine attraktive Vierzigerin, aus Bayern stammend.
Schon nach kurzer Zeit merkte Reinhold, daß Marie Walter, bei allen äußerlichen Annehmlichkeiten, eine

zutiefst unglückliche Frau war. Sie teilte sich ihm im Lauf der nächsten Abende willig mit, und so erfuhr er ihr Schicksal. Als sehr hübsche, blutjunge Bürogehilfin war sie einst mit dem zwanzig Jahre älteren, vermögenden Herrn Walter verheiratet worden. Sie verstand bald, daß sie nur dazu da war, sein Haus und seine Aktien in Ordnung zu halten. Sie hatte in den ersten Jahren ihrer Ehe mehrere tote Kinder geboren; man munkelte, daran sei die Krankheit ihres Mannes schuld. Dieser gab sich mit ständig wechselnden Frauen ab, kam schließlich gar nicht mehr nach Stuttgart und starb in jenen Tagen im fremden Land. Als einzige Wohltat hinterließ er seiner seelisch labil gewordenen Frau ein beträchtliches Vermögen.

Marie hatte, das erkannte Reinhold, den Verlust ihrer Kinder nicht überwunden. Da er selbst auch ständig mit Hoffnungen und Enttäuschungen kämpfte und noch nicht im inneren Gleichgewicht war, verstand er sie besser als alle ihre Bekannten. Er spürte, daß sie ihn brauchte, und das gab ihm eine gewisse Befriedigung. Dem Freund Robert allerdings schien es, als wolle die wesentlich ältere Frau, die etwas Schillerndes und Unausgeglichenes in ihrem Temperament hatte, ihre ungestillte Mütterlichkeit auf Reinhold übertragen. Sie verwöhnte ihn, und er ließ es sich zunächst fast kindlich gefallen. Ihre Zärtlichkeit und ihre überschwengliche Güte drohten ihn einzufangen, und nicht immer brachte er die Kraft zur Abwehr auf.

Immer häufiger ging er zu ihr, und eines Tages, nachdem sie ihn nach Hause begleitet hatte, stellte er sie seiner Mutter vor.

Anna Barbara äußerte sich zunächst mit keiner Silbe. Sie wußte, daß sie zurückhaltend sein mußte, wenn sie den Sohn nicht erst recht in die Arme der ihr unbekannten Frau treiben wollte. Obwohl sie sofort die Eifersucht einer Liebenden auf die Mutter fühlte, wollte sie sich nicht von einem Vorurteil hinreißen lassen. Aber eines Tages wagte sie dennoch ein Wort.
»Frau Walter scheint sich bedingungslos für dich einzusetzen«, begann sie. »Das ist im Grund etwas Großes. Es widerfährt dir zum ersten Mal, daß sich eine Frau so aufrichtig und liebevoll um dich bemüht. Zudem ist sie finanziell überaus günstig gestellt und kann dir jeden Wunsch erfüllen. Das sind natürlich Versuchungen. Es geht mich ja nichts an, wie du deine Beziehungen gestaltest, du bist ein erwachsener Mann und selbst verantwortlich für das, was du tust oder läßt. Aber wenn ich dir raten darf: Heiraten solltest du Frau Walter nicht. Du brauchst als Lebensbegleiterin eine andere Art von Frau.«
Reinhold errötete. »Wer spricht denn von Heiraten? Ich denke nicht daran.«
»Du bist noch nicht lebenserfahren genug, mein Sohn. Plötzlich steckt man in Zwängen, aus denen man sich nicht mehr lösen kann. Versprich mir wenigstens, daß du dich in den nächsten Jahren nicht an sie bindest.«
»Ich verspreche gar nichts, Mutter. In solchen Angelegenheiten hast du mir nicht dreinzureden.«
»Ich rede dir nicht hinein. Ich sage dir, was ich denke, und das ist meine Pflicht. Ich sage es übrigens nur dies einzige Mal. Für die Folgen deines Handelns mußt du selbst aufkommen.«
Reinhold nahm Hut und Stock und ging zur Tür. Er

würde den Weg zur Walterschen Villa auch allein finden. O, diese eifersüchtigen Weiber!

Luise war noch schlimmer. Es war ja rührend, daß sie ihn nicht hergeben wollte. Aber es war ganz allein seine Sache. In dieser Nacht kehrte er erstmals nicht heim. Er blieb bei Marie Walter.
»Er läßt sich ein wenig treiben!« sagte Luise zur Mutter. Und diese nickte wortlos. Sie dachte über ihren Sohn nach: Er war in gewisser Weise immer von einem Sehenden abhängig. Manchmal war sein Freiheitsbedürfnis größer als seine Möglichkeiten. Marie schien ausnehmend geschickt mit ihm umzugehen: Sie las ihm stundenlang vor und war darin von einer ihn wohltuend ablenkenden Ausdauer, wie er es noch nie bei jemandem erlebt hatte. Ihre besitzergreifende Liebe erdrückte ihn manchmal. Ihre aufopfernde Fürsorge brachte ihn in Gefahr, von ihr abhängig zu werden. Mit der Zeit würde er das merken. Aber war es dann nicht schon zu spät? Mußte man denn immer alles einfach geschehen lassen?

Reinhold erkannte die Problematik dieser Beziehung durchaus, auch wenn er sich nirgends äußerte. Er wußte in der Tat keinen rechten Ausweg. Daß er sein Cellospiel aufgeben müsse, wurde ihm von Monat zu Monat klarer. Aber was nun? Eine Gesangsausbildung würde Geld kosten, das er nicht hatte. Marie würde es ihm gerne geben, aber das beschämte ihn und machte ihn unfrei.
Ein seltsamer Umstand kam ihm entgegen, auch wenn er schmerzlich war. Die Mutter erkrankte an einer

Lungenentzündung. In ihren Fieberphantasien sorgte sie sich um Reinhold. Fast erschrak er, wie gut sie ihn kannte.

Er blieb nun wieder viel zu Hause und war rührend um die Leidende besorgt. Sie erholte sich nicht mehr. Klein und schmal geworden lag sie in ihren Kissen und war doch eine große Frau, die versucht hatte, in christlicher Erkenntnis ihres Schicksals die ihr anvertrauten Aufgaben treu zu erfüllen.

Mehr und mehr begann sich dieses Leben abzuschließen, und in den letzten Tagen wich Reinhold kaum mehr von ihrem Lager.

»Gelt, Luise, du läßt ihn nicht im Stich«, flüsterte sie noch ganz zuletzt, und die scheue Tochter legte wie zu einem Gelöbnis ihre Hand auf die fieberheiße Stirn:

»Geh ruhig voraus, Mutter. Ich verlasse ihn nicht.«

Anna Barbara starb, mit Reinholds Hand in der ihrigen, und er meinte, dieses Hergeben sei härter als alles, was er bisher erlebt hatte. Er hatte zuvor nicht gewußt, wie sehr er mit ihr verbunden gewesen war. Noch lebte sie jung und anmutig in seiner Erinnerung. Sie war ihm Heimat gewesen.

Der Schmerz um die Mutter verdrängte für einige Zeit sogar das Weh um sein verlorenes Cellospiel. Er ging längere Zeit nicht mehr zu Marie Walter; Luise, die von jeher eine eifersüchtige Abneigung gegen »dieses Weib« gepflegt hatte, stellte es mit Genugtuung fest. Reinhold schien sich augenblicklich in ihrer schlichten Nähstube geborgener zu fühlen als in der schönen Villa, in der nichts vom Wesen der Heimgegangenen um ihn war.

Die große innere Erschütterung ließ etwas Neues in Reinholds Künstlernatur aufbrechen: Er begann zu komponieren. Sein erstes kleines Lied ist noch in Marie Walters Handschrift erhalten. Es ist ein vertontes Gedicht von Börries von Münchhausen und trägt den Titel: *Meiner Mutter*.
Die Melodie ist sehr schön, ernst und schlicht, einfühlsam dem Text entlang gehend. Die Begleitung ist kompositorisch noch unvollkommen. Aber keiner, der dieses Lied später von Reinhold singen hörte, blieb unberührt von dem herben, am Schluß sich steigernden und dann wieder leise zur Ruhe kommenden Gesang, den er mit zwar verhaltenem, aber starkem inneren Ausdruck vortrug.

Meiner Mutter
Mein Haupt will ich legen wie einstens
in deinen Schoß.
Ich tat es vorzeiten als Knabe,
nun bin ich groß.
Von der Stirne streich mir die Locken
leise fort
und sprich mir wieder wie damals
ein zärtlich Wort
und küsse die brennende Wange
deinem Kind
und trockne am Auge die Träne,
die heiß mir rinnt.
So will ich liegen und träumen,
wie einst ich tat,
und vergessen, daß ich ins Leben,
ins wilde trat,

*Und vergessen, daß ich ins Leben,
ins wilde, trat.*
      Börries Freiherr von Münchhausen

Platzwechsel

*Baden – das ist das Land der Übergänge,
der Brücken und Brechungen; es empfängt,
gestaltet, gibt weiter.*

Reinhold Schneider

Warm lag die Junisonne auf dem Stuttgarter Schloßplatz und zitterte in lebhaftem Licht- und Schattenspiel an den Säulen des Königsbaus entlang.
Reinhold saß allein unter den Arkaden bei einer Tasse Kaffee und einer Zigarre. Man schrieb den 12. Juni 1913, es war sein 29. Geburtstag. Damals machte man kein Aufhebens von solchen Tagen. Er hatte sich selbständig auf den Weg gemacht. Den »Königsbau« fand er ohne fremde Hilfe. Bewußter als bisher nahm er das Treiben ringsum wahr: lachende Kinderstimmen, vorüberziehende Wandervogelgruppen, die quietschende Straßenbahn, und – eher neu – den Benzingestank einzelner Autos; das Klirren des Kaffeegeschirrs am Nebentisch und den herrlichen Duft seiner Zigarre. Dazwischen schlugen die Glocken der nahen Stiftskirche die Stunde. Jede Glocke klang schöner als die andere, mit vielen Unter- und Obertönen. Oder empfand er es nur heute besonders deutlich, weil er sich entschlossen hatte, vom Königreich Württemberg Abschied zu nehmen und Stuttgart zu verlassen? Die Loslösung von der vertrauten Kindheits- und Jugendwelt hatte schon mit dem Tod der Herzogin

Wera und der Mutter begonnen. Er fühlte sich in der öde gewordenen Wohnung nicht mehr recht wohl. Luise behauptete sogar, die ganze Ludwigstraße sei ihr verleidet. Daß dies mit einem Kinderwagen zu tun hatte, der täglich vor dem Haus des erfolgreichen Schreinermeisters Hellwig stand, sagte sie dem Bruder nicht. Er selbst litt unter vielen quälenden Anfragen: »Herr Schaad, wo haben Sie denn Ihr Cello?« Er wußte, daß es mit dem Spielen nichts mehr werden würde. Und der Gedanke, daß Johannes Urlaub stumm und triumphierend an ihm vorübergehen könnte, trieb ihm alles Blut in den Kopf. Also wegziehen von Stuttgart! Aber wohin? Nach Leipzig, an das Reinhold sein Herz verloren hatte, wollte Luise keinesfalls. Jedoch sollte es eine Stadt mit kulturellem Leben sein, er brauchte das. Und Luise war ebenfalls auf eine zahlungskräftige Kundschaft angewiesen, die sich in einer größeren Stadt leichter finden ließ.

Über längere Zeit hatten die Überlegungen zu keinem Ziel geführt, bis eines Tages eine Hofdame der verstorbenen Herzogin, Frau von Kübel, berichtete, sie werde an den großherzoglichen Hof nach Karlsruhe wechseln, könne aber ihre Schneiderin Luise nicht entbehren. Ob sie vielleicht mit dem Bruder nach Karlsruhe zöge? Man werde ihr bei der Wohnungssuche behilflich sein.

Karlsruhe in Baden! Es bedeutete damals fast so etwas wie einen Umzug in ein anderes Land, auch wenn die Leute Deutsch sprachen. (Und wir Heutigen sollen nicht meinen, daß wir so etwas nicht mehr verstünden!)

Gerade als Reinhold über »Sauschwobe« und »Gelb-

füssler« meditierte, spürte er einen leichten Schlag auf seiner Schulter.
»Hallo, Reinhold, dreimal darfst du raten!«
»Ich muß gar nicht raten, Robert. Schön, dich zu treffen. Wo kommst du her?«
»Von Marie Walter, wo ich dir zum Geburtstag gratulieren wollte.«
»Das ist beinahe boshaft! Du scheinst überhaupt nicht zu verstehen, daß ich mal mit mir allein sein wollte.«
»Und ob! Fein, daß es dir gelang, denn du wirst Frau Walter so schnell nicht loskriegen. Falls du das überhaupt möchtest.«
»Genau deshalb sitze ich hier, Robert. Ich denke darüber nach, ob und wie ich es richtig mache.«
»Liebst du sie, Reinhold?«
»Wenn ich das nur wüßte, Robert! Keinesfalls bin ich verliebt! Ich kann ganz klar denken. Ich brauche einen hilfreichen Menschen. Marie setzt sich voll für mich ein – und sie verwöhnt mich. Das gefällt mir, und ich weiß, daß ein Stück Bequemlichkeit mit dabei ist. Gleichzeitig habe ich ständig ein schlechtes Gewissen, weil ich mir ausbeuterisch und egoistisch vorkomme. Ich denke, daß ich richtiger sehe, wenn wir mal in Karlsruhe sind. Das Schwerste für mich ist, daß ich dich zurücklassen muß.«
»Es ist keine Weltreise nach Karlsruhe. Wann wollt ihr umziehen?«
»In etwa vier Wochen. Wir bekamen in der dortigen Geranienstraße eine sehr nette Wohnung angeboten. Besuch uns bald!«
»Kann ich noch etwas für dich tun, Reinhold?«
»Ja, Robert. Ich muß einen bitteren Gang tun, und

wenn du mitgehst, wird es halb so schlimm. Ich muß mein Cello verkaufen. Ich – ich brauche das Geld, sonst mache ich mich von Luise und Marie vollständig abhängig, und das ist sehr demütigend für mich. Packen wir es doch gleich morgen!«
Anderen Tages brachten die Freunde das teure Instrument in die zuvor benachrichtigte Musikalienhandlung. Reinhold erzielte einen guten Preis. Es war ihm, als müsse er sein eigenes Kind verkaufen. Wie gut, daß er nicht sehen muß, wie der Händler es in die Ecke stellt, dachte Robert. – Für Reinhold ist es kein Gegenstand, sondern etwas Lebendiges, unendlich Geliebtes. –

Der Umzug nach Karlsruhe gelang besser als erwartet. *Karlsruhe ist einer der reizendsten Ruhepunkte des Lebens,* las der Urschwabe Reinhold bei dem gebürtigen Stuttgarter Lyriker Weckherlin.
Die Nähe Straßburgs hat eine gewisse Verflüssigung in die Manieren und die Lebensart der Einwohner gebracht, die sie von dem griesgrämigen und spießbürgerlichen Charakter der Schwaben entfernt.

Überraschend war, daß das wunderschöne, geschichtlich wie geographisch komplizierte Badener Ländchen toleranter mit den Zugezogenen und Fremden umging, als Reinhold vermutet hatte. Die Grenzen zu Frankreich und der Schweiz hin waren offener, die Bewohner wirkten gelöster und heiterer. Reinhold, der manchmal als echter Schwabe zu spekulativer Philosophie neigte, lernte den anpassungsfähigen, unbeschwerten Realismus der Badener schätzen und sagte zu Luise:

»Schade, daß man aus den Württembergern und den Badenern keinen Teig machen kann, es gäbe eine prachtvolle Backmischung.«
»Ich bin nicht für Prachtmischungen«, erwiderte Luise. »Soll jeder seinen Kopf behalten und dem anderen den seinigen lassen.«
(Die staatliche Vereinigung der beiden süddeutschen Länder hat Reinhold nicht mehr erlebt. Sicher wäre er einer ihrer Pioniere gewesen. Und wie man es eben in einer gestifteten Ehe manchmal tun muß, geben sich beide Länder redlich Mühe miteinander. Liebenswert sind sie alle zwei.)
Apart war der Spritzer Preussen, der in jener Zeit durch die Großherzogin Luise prägend nach Karlsruhe gekommen war. Sie war die Tochter des ersten deutschen Kaisers. Der badische Großherzog Friedrich hatte sich einst in Baden-Baden in die Siebzehnjährige verliebt und sie geheiratet. Zwar hatten die Karlsruher gemeckert: »Des Preusseweib soll dahoim bleiwwe!« aber inzwischen hatte die schaffensfreudige und zugleich liebenswürdige Großherzogin alle Herzen erobert. Man sagte ihr nach, sie habe ihren Gatten veranlaßt, bei der Reichsgründung 1871 als erster das »Hurra« auf ihren Vater, den Kaiser auszubringen, und deshalb sei sie sozusagen genau so die Gründerin des Deutschen Reiches gewesen wie Bismarck selbst. Jedenfalls waren die Karlsruher stolz auf ihre inzwischen verwitwete und alt gewordene Großherzogin. Ihr regierender Sohn hatte viel Ähnlichkeit mit der Mutter. Fleiß und Pflichtbewußtsein wohnten in den Karlsruher Amtsstuben, tüchtige Minister fühlten sich wohl am liberal gesinnten großherzoglichen Hof.

Reinhold genoß vor allem die baulich übersichtliche Gliederung der Stadt. Das künstlerische und musikalische Leben war von beachtlichem Niveau. *Ein anständiger Mensch muß schon des klassischen Repertoires wegen alljährlich einige Monate in Karlsruhe leben,* hatte Johannes Brahms geäußert. Der Generalmusikdirektor Felix Mottl war noch nicht vergessen, und die Kunstakademie wurde von Hans Thoma geleitet, (der von den jüngeren Künstlern allerdings bereits umstritten war).

In der Stefanienstraße wohnte der tüchtige junge Arzt Dr. Cahn, der sofort eine intensive Behandlung mit Reinhold begann. Dabei verlor der Finger mehr und mehr seine übergroße Empfindlichkeit, auch wenn sie bis an Reinholds Lebensende nie ganz verschwand. Darüber hinaus gewann der Blinde in Dr. Cahn einen seiner ersten Karlsruher Freunde. Der vielseitig begabte Arzt hatte eine Gruppe junger Künstler um sich geschart, die sich oft in Dr. Cahns entzückendem Sommerhaus im Albtal, nahe Ettlingen, traf. Reinhold wurde sofort eingeladen. Eigentlich gehörten mehr Maler als Musiker zu dem Kreis, aber gerade die Maler ließen sich von Reinholds impulsiver Künstlerschaft inspirieren; sie sagten, sie lernten besser *sehen* durch ihn. Er fragte sie gerne, wie sie dies oder jenes in Stimmung und Farbe umsetzen würden, wie sie etwa einen Pelz oder einen Samt malen könnten oder wie man die richtige Perspektive in ein Bild bringe.

Auch einige junge Leute aus der damals weitverbreiteten Jugendbewegung waren dabei. Sie planten ein großes Treffen bei Kassel auf dem Hohen Meißner.

Als sie erfuhren, daß Reinhold Kompositionsversuche machte, baten sie ihn, für dieses Treffen ein eigenes Lied für die Karlsruher zu schreiben, eines, das man vor allem auch beim Wandern singen könne.
»Nun, wenn ich schon nicht mit euch auf die Berge ziehen kann, dann will ich es mir wenigstens in einem Lied für euch ausdenken«, erwiderte er.
Nach wenigen Tagen stand es auf dem Papier – es gab hier genug junge musikalische Leute, die Reinholds Notendiktat in die Schrift der Sehenden übertrugen. Es war ein nach Text und Melodie gut gelungenes Wanderlied für die damalige bündische Jugend. Der Text lautete:

Heute wollen wir das Ränzlein schnüren,
Lachen, Lust und Frohsinn mit hinein!
Golden scheint die Sonne uns zur Freude,
lockend schallt der Amselruf vom Hain.
Zupft die Fiedel, singt ein Liedel,
laßt die Sorgen all zu Haus!
Denn wir wandern, denn wir wandern,
denn wir wandern in die Welt hinaus.

Haben wir des Berges Höhn erklommen,
rufen lachend wir ins Tal zurück:
Lebet wohl, ihr engen, staub'gen Gassen,
heute lockt uns hell der Jugend Glück.
Zupft die Fiedel, singt ein Liedel,
laßt die Sorgen all zu Haus!
Denn wir wandern, denn wir wandern,
denn wir wandern in die Welt hinaus.

*Laßt uns wandern durch des Waldes Dunkel
und der blühenden Heide buntes Kleid,
und des Kornes wogendes Gefunkel,
alles grünt und blühet weit und breit.
Zupft die Fiedel, singt ein Liedel,
laßt die Sorgen all zu Haus!
Denn wir wandern, denn wir wandern,
denn wir wandern in die Welt hinaus.*

Die Tagung auf dem Hohen Meißner wurde eine große Sache. Die jungen Leute, von der inneren Müdigkeit der damaligen bürgerlichen Gesellschaft enttäuscht, erarbeiteten an jenem 13. Oktober 1913 die später berühmt gewordene »Meißnerformel«: *Die freideutsche Jugend will aus eigener Bestimmung, vor eigener Verantwortung, mit innerer Wahrhaftigkeit ihr Leben gestalten.*

Reinholds Lied wurde sowohl von den Karlsruhern als auch von den anderen Gruppen der Jugendbewegung begeistert aufgenommen. Es erhielt später von der Zeitschrift »Kunstwart« (einer der führenden Kulturzeitschriften Deuschlands unter ihrem Schriftleiter Ferdinand Avenarius), einen 1. Preis. Reinhold hat mir einmal darüber berichtet:
»Da mein Lied bei der Jugendbewegung gut aufgenommen wurde, lernte ich viele ausgezeichnete junge Menschen der bündischen Jugend kennen. Es war eine recht bunte Vereinigung verschiedenster Richtungen: da waren die mehr politisch ausgerichteten jungen Leute, aber auch die eher romantisch und naturnah veranlagten Wandervögel, dann eine Art Neupfadfinder, prächtige Burschen, und schließlich eine sehr nette Gruppe katholischer Jugend, die sich »Quickborn«

nannte. Nachträglich stellte ich fest, daß es bei zahlreichen hervorragenden einzelnen Jugendlichen doch ein reichlich vielschichtiges Gebilde war, das sich da »Jugendbewegung« nannte und deshalb vielleicht nicht die nötige Stoßkraft entwickelte, die für eine brauchbare Umgestaltung der Gesellschaft notwendig gewesen wäre.«

Der Voggenreiterverlag in Bad Godesberg erwarb die Druckrechte für Reinholds Wanderlied. Danach zog es durch ganz Deutschland, galt schließlich als Volkslied und erfuhr dabei immer wieder kleine Textänderungen, wie es bei Volksliedern zu sein pflegt. Es fand Eingang in viele Liederbücher und wurde auf Schallplatten aufgenommen. Zu Beginn des Zweiten Weltkriegs wurde es – für Reinhold völlig überraschend – mit abgewandeltem Text über alle Radiosender gesungen. Der Refrain lautete:... *denn wir fahren, denn wir fahren, denn wir fahren gegen Engelland...*
»Sie haben mir mein Lied gestohlen, Luise!« sagte er empört zu seiner Schwester. »Und sie benützen es sogar als Kriegslied! Ausgerechnet bei mir! Es heißt, ein gewisser Hermsniel habe es umgedichtet! Aber mit mir können sie das nicht machen!«
Reinhold focht danach ein Sträußchen mit seinem Verleger aus, der die Urheberrechte nicht ausreichend geschützt zu haben schien. Danach überwies der Verlag einen monatlichen Betrag von RM. 30.- bis zu Reinholds Tod an ihn, was bei der damaligen Währung eine großzügige Vergütung war.

Durch den Erfolg des Liedes wurde Reinhold rasch bekannt. Der Dichter Hermann Löns schickte ihm einige seiner Gedichte. Auch Hermann Hesses Gedichte wurden von ihm vertont. Viele junge Leute besuchten ihn, seine Korrespondenz wuchs, Luise kam mit dem Vorlesen der Briefe nicht mehr nach.

Schon nach wenigen Monaten in Karlsruhe erkannte Reinhold, daß die anfallenden Aktivitäten nicht mehr auf die bisherige Weise zu schaffen seien. Luise hatte ihr Schneiderinnengeschäft aufzubauen; sie hatte überviel zu tun, und er versagte sich manche notwendige Bitte.
Marie Walter, die häufig Besuche machte, arbeitete den Schriftwechsel für ihn auf und ging mit ihm an die frische Luft, in den Hardtwald oder auf den Turmberg bei Durlach. Wäre nur Luise an solchen Tagen nicht einfach unerträglich gewesen! Beide Frauen wachten eifersüchtig über seinen Alleinbesitz, so daß er trotz mancher Ärgerlichkeiten immer einmal wieder heimlich kicherte.
Die Frage, wie alles zu bewältigen sei, wurde ihm schließlich abgenommen. Eines Abends stand Marie Walter unangemeldet vor der Tür und erklärte, sie wisse unumstößlich, daß der Platz ihres Lebens an Reinholds Seite sei.
»Ich werde mein Haus in Stuttgart verkaufen«, sagte sie. »Ich habe mich bereits in der hiesigen Brauerstraße nach einer schönen Wohnung umgesehen. Es ist unsinnig, daß ich einsam lebe, und du brauchst jemand, der dir hilft.«
»Du denkst an eine gemeinsame Wohnform, Marie?« Reinhold mußte zunächst einmal tief durchatmen.

»Aber natürlich! Alles andere hat auf die Dauer keinen Sinn. Es muß jemand da sein, wenn du morgens deine zweite Socke nicht mehr findest, weil sie dir unters Bett gefallen ist.«
»Luise würde schon danach sehen.«
»Luise wird sich selbständig machen und in der bisherigen Wohnung bleiben.«
Reinhold brauste auf.
»So geht das nicht, Marie. Luise wird mich nie verlassen. Sie ist meine Schwester, und ich liebe sie. Ich lasse sie nicht von meiner Seite. Auch *sie* braucht mich in manchen Dingen, nicht nur ich sie.«
Marie schwieg. Sie schien betroffen. *So* hatte sie sich das nicht vorgestellt.
»Luise kann dich nicht versorgen, sie hat keine Zeit dazu.«
»Kein abfälliges Wort über Luise«, sagte er streng. »Es ist richtig, daß sie es nicht allein schaffen kann. Aber wir Geschwister bleiben beieinander.«
»Und ich hätte dich so gerne für mich allein gehabt«, sagte Marie begütigend. »Aber grundsätzlich hat die von mir ausgesuchte Wohnung Platz für uns alle.«
»Und du traust dir eine derartige Lebensumstellung zu, Marie? Ich bin manchmal recht ruppig und egoistisch. Und freiheitsdurstig bin ich auch, vor allem, wenn ich mich von euch Frauen eingeengt fühle. Meinst du, daß du so viele Aufgaben bewältigen kannst, wie sie da auf dich zukommen?«
»Ich kann alles, wenn's dich gilt«, sagte sie fest.

Als Luise von Maries Plänen einer Wohngemeinschaft erfuhr, sprach sie drei Tage lang kein Wort mit dem

JOHANNIS LAHR
67 734 Germany
Foto: Bildarchiv Müller-Brunke

Auf dich hoffen, die deinen Namen kennen; denn du verlässest nicht, die dich, Herr, suchen.
Psalm 9,11

Wer da bittet, der empfängt; und wer da sucht, der findet; und wer da anklopft, dem wird aufgetan. Matthäus 7,8

Bruder. Das war schwierig für ihn, denn er war auf Worte angewiesen. Soll sie einschnappen, dachte er, sie schnappt auch wieder aus. Doch Luise blieb hartnäckig. Sie war ein zwar einfacher, aber starker Charakter. Schließlich sagte sie eines Abends, während beide stumm ihre Mahlzeit einnahmen:
»Wenn du sie heiratest, dann – dann – weiß ich nicht, was ich tue.«
»Denkst du an Mord?« fragte er. »Ich werde sie übrigens nicht heiraten.«
»Aber wenn sie will, weil es anders unmoralisch aussieht, wirst du eines Tages nicht mehr darum herumkommen. Du kennst die Frauen schlecht!«
Jetzt wurde er energisch. »Zum Kuckuck mit diesem Weiberstall! Wofür haltet ihr mich eigentlich? Du siehst selbst, daß du es allein nicht schaffen kannst. Mir wäre es auch lieber, ich könnte mich selbst versorgen: Aber nur, weil ich euch brauche, sollt ihr nicht meinen, ihr könntet mit mir umgehen wie mit einer Marionette! Traurig genug, daß ich froh sein muß, euch Kratzbürsten zu haben! Ich hätte dich für reifer und vernünftiger und auch für humorvoller gehalten, Luise!«
Da löste sich die Spannung. Sie mußten alle zwei lachen, und Luise gab ihm ihre Hand über den Tisch.

So zogen die drei Leute in die Brauerstraße 29 um. Marie hatte als Einzugsgeschenk einen Blüthnerflügel aus Reinholds geliebtem Leipzig besorgt. Es war ein herrliches Instrument, und Reinhold war selig wie ein Kind an Weihnachten. Dank des besser gewordenen Fingers spielte er gerne und viel darauf. Luise hatte in der neuen Wohnung eine größere und hellere Nähstube und konnte Lehrmädchen einstellen. Frau Walter nahm eine nette Hilfe für den Haushalt. Sie spann jetzt großzügige Pläne für eine Gesangsausbildung in Berlin; sie freute sich, mit Reinhold für einige Jahre dort leben zu können.

Reinhold selbst war ausgefüllt. Er engagierte sich bald im Karlsruher Blindenverein, komponierte, las viel und unterhielt sich mit Dr. Cahn über Kant und Schopenhauer. Die beiden Frauen lernten es, wenn auch nicht gerade liebenswürdig, so doch wenigstens geduldig miteinander umzugehen. Sie sahen ein, daß sie einander brauchten. Es war eine Schicksalsgemeinschaft eigener Art, sicher nicht immer leicht zu leben; dennoch hatte jeder der drei Menschen das Empfinden, am rechten Platz angekommen zu sein.

Stück für Stück gewann Reinhold seine alte, ihm angeborene Fröhlichkeit zurück. Er war voller Unternehmungslust und Schaffensfreude. Alles hätte sich aufs Beste einspielen können, wenn – ja, wenn nicht plötzlich im August 1914 der Weltkrieg ausgebrochen wäre.

Der erste Weltkrieg

Der Krieg
Aufgestanden ist er, welcher lange schlief,
aufgestanden aus Gewölben tief.
In der Dämmerung steht er groß und unerkannt
und den Mond zerdrückt er in der schwarzen Hand.
(1911)
(Georg Heym, 1897-1912)

In den ersten Tagen des Kriegsausbruchs war Reinhold von der ihn fast religiös anmutenden Kriegsbegeisterung der Massen völlig verwirrt. Die anderen schauten nach außen, er schaute nach innen. Aus den Erzählungen der Mutter und einer elsässischen Nachbarin aus Sigmarswangen hatte er den Krieg als etwas Erschreckendes in seinem Gedächtnis. Auch hatte er in Leipzig eine deutliche Schlagseite zur Sozialdemokratie entwickelt und achtete Karl Liebknechts Entschluß, der als einziger im Reichstag die Kriegskredite verweigert hatte.
Reinholds Altersgenossen zogen nun alle in den Krieg. Dr. Cahn, der als Israelit nicht zum Militärdienst verpflichtet war, meldete sich freiwillig als Stabsarzt an die Front. Bald hörte man das dumpfe Grollen der Geschütze vom nahen Frankreich herüberdonnern. Luise und Marie jammerten:
»Wären wir nur in Stuttgart geblieben! Dort hätten wir geschützter gelebt! Wenn die Franzosen über den Rhein kommen, sind wir verloren!«

Abseits stehen müssen – noch nie hatte sich Reinhold so ausgeschlossen vom Geschehen gefühlt wie in diesen ersten Kriegsmonaten. Er versuchte es auf seine Weise mit der Vertonung einiger Soldatenlieder von Hermann Löns: *Es rauscht der Wind im Birkenlaub, rauscht lauter Traurigkeit, leb wohl mein Schatz, die Stunde schlägt, schlägt nichts als Herzeleid* usw. Er schickte die schön illustrierten, gedruckten Lieder dem Dichter ins Feld. Sie haben ihn nicht mehr erreicht, er fiel schon im September 1914 vor Reims. Die Lieder wurden zwar damals viel gesungen und waren recht verbreitet, aber Reinhold spürte dabei die Sinnlosigkeit und das Elend des Krieges. Das furchtbare Blutvergießen machte ihn unsäglich traurig und hilflos.

Allmählich wuchs der Hunger in Karlsruhe bedenklich. Trotz einer ins Leben gerufenen Kriegsküche gingen im Kohlrübenwinter 1916/17 die Leute protestierend auf die Straße. Luise begab sich oft wochenlang aufs Land, um gegen Näharbeiten Lebensmittel zu ergattern. Der Verkauf von einzelnen Kartoffeln wurde organisiert.

Die Gefallenenmeldungen wollten kein Ende nehmen. Und nun kamen nach und nach viele gedrückte Menschen in Reinholds Stube: Kriegsversehrte, Beinamputierte, Kriegsblinde, Witwen und Waisen. Man spürte, daß er einen besonderen Zugang zum Leiden hatte und diesem einen eigenen Wert zumaß. So ist er in jenen Jahren zahlreichen Trauernden hilfreich gewesen; durch seine Arbeit im Badischen Blindenverein wußte er auch über das Rentenwesen ausreichend Bescheid und konnte manche Hilflosen und

Verzweifelten auf ihren Wegen begleiten. Vielen, die keinen Sinn mehr im Rest ihres Lebens sahen, diente er als Vorbild.
»Ich wollte es immer mehr lernen«, sagte er einmal, »Enttäuschungen als Lehrmeister des Lebens einzusetzen.«

Karlsruhe war in den letzten Kriegsjahren fast so etwas wie eine Lazarettstadt geworden; das ergab sich aus der Nähe zur französischen Front. Reinhold wurde gebeten, in die Lazarette zu gehen, dort mit seiner warmen Baßstimme volkstümliche Lieder zu singen, Besuche zu machen, zu trösten und aufzurichten. Diese Aufgabe übernahm er gerne, auch wenn sein verfeinertes Geruchsempfinden ihm während des Singens manchmal recht zu schaffen machte.
Eines Tages Ende 1917 – er war gerade wieder dabei, einen Lazarettsaal mit Verwundeten zu besuchen – berührte ihn eine feingliedrige, leichte Frauenhand. Eine ältere, weibliche Stimme mit norddeutschem Akzent sprach ihn an:
»Sie sind Herr Schaad aus Stuttgart, nicht wahr? Ich kenne Sie durch eine entfernte Verwandte von mir, die Herzogin Wera. Ich bin die alte Großherzogin Luise und allmählich fast so blind wie Sie. Eine meiner Hofdamen hat mir erzählt, daß Sie nach Karlsruhe gezogen sind. Finden Sie sich bei uns zurecht?«
Reinhold wußte, daß die fast achtzigjährige Großherzogin es sich nicht nehmen ließ, »ihre« verwundeten Soldaten treu zu besuchen. Er freute sich sehr, ihr zu begegnen.
»Eigentlich kenne ich Sie schon, Hoheit«, erwiderte er

überrascht. »Herzogin Wera hat mir manchmal von Ihnen erzählt. Sie dienten ihr als Vorbild. Wie geht es Ihnen, das darf ich doch fragen?«
»Nun ja, wie es einer alten Frau geht, die schon viele wechselnde Schicksale erlebt hat, und die, wie es aussieht, auch noch viel Umwälzendes erleben wird.«
Sie sprachen über Preußen, über den aussichtlosen Krieg, über Hunger und Not und über die voranschreitende Entwicklung zur Demokratisierung und Sozialisierung.
»Prinz Max von Baden ist eine hervorragende Persönlichkeit, Hoheit. Vielleicht kann er noch einiges ins Gleichgewicht bringen, falls er Reichskanzler wird.«
Die Großherzogin seufzte.
»Lieber Herr Schaad, ich fürchte, es ist alles schon ein wenig zu spät. Ich stelle mich nicht gegen die Demokratisierung, aber Hunger und Elend sind so groß, daß ich allerhand Radikales und Umstürzlerisches ahne.«

Die Großherzogin sollte recht behalten. Prinz Max von Baden wurde zwar im Oktober 1918 zum Reichskanzler gewählt, aber schon nach wenigen Wochen brach die Revolution aus. Reinhold hörte von seinem Fenster aus heftige Schießereien, sie kamen aus der Nähe des Schlosses. Bald erfuhr er, daß der Großherzog und seine alte Mutter sich nur durch die Flucht aus dem Fenster hatten retten können. Die großherzogliche Familie zog sich nach Schloß Zwingenberg zurück, romantisch über dem Neckar gelegen. Marie las aus der Zeitung vor:
»Das badische Volk anerkennt die Liebe zur badischen Heimat, die der Großherzog in den Entschlüssen zur Abdankung

in den letzten Tagen bestätigt hat. Es gedenkt der Werke edler Menschlichkeit der Großherzoginmutter Luise und der Verdienste des Prinzen Max um die Demokratisierung Deutschlands.«

Was für eine tumultreiche Zeit!

Ich kenne kaum einen Menschen, schreibt Reinholds späterer Freund, Clemens Weis über ihn, *der so empfindsam, so persönlich, so geradezu körperlich die Geschichte seiner Zeit miterlebte wie Reinhold Schaad: das Kaiserreich, den aufbrechenden Sozialismus, den Krieg und die Revolution von 1918. Was immer geschah, es geschah in ihm, erlitt er!*

Bald kam durch Robert Bayer Nachricht aus Stuttgart. Dem württembergischen König Wilhelm, den Reinhold noch persönlich gekannt hatte, war es ähnlich ergangen. Er hatte wissen lassen, daß er sein einst so geliebtes Stuttgart weder lebend noch tot je wieder betreten wolle.

Erschöpft und gedemütigt schleppte sich das besiegte deutsche Heer in die Heimat zurück. Es ist nicht zu übersehen, daß Reinhold sich in jener Zeit ganz der sozialistischen Richtung Rosa Luxemburgs und Karl Liebknechts angeschlossen hatte. Nach Liebknechts Ermordung im Berliner Tiergarten (1919) schrieb er ein mächtiges Gedicht zu seiner Trauerfeier. Es wurde von dem Mannheimer Adolf Geck mit viel Erfolg vorgetragen und danach in der »Roten Fahne«, dem Zentralorgan des Spartakusbundes, veröffentlicht. Das Gedicht war dem von ihm hochgeschätzten Volksbeauftragten, Friedrich Ebert, sodann den Herren Gustav Noske und Philipp Scheidemann zugeeignet. Ein ganzes Heft von etwas unreifen, vollmundigen politischen Gedichten entstand danach auf Reinholds Schreibtisch. Das Bedürfnis, die Gesellschaft positiv zu verändern, sprach aus allen Zeilen. Da Reinhold diese wortgewaltigen Produkte später selbst als Jugendsünden bezeichnet hat, brauchen sie der Nachwelt nicht erhalten zu werden. Lediglich von seinem damals berühmt gewordenen »Lied der Schieber« (1919) sei eine Strophe angeführt, weil sie jene Zeit der kleinen Korruptionen treffend nachzeichnet:

Schieben, schieben, welch Vergnügen,
schieben, schieben, welche Lust!
Wenn als Schild noch die Regierung
deckt die fette Schieberbrust.
Brot, Kartoffeln, Milch und Eier,
Kaffee, Zucker, Bier und Wein,
Hosen, Käse, Fleisch und Stiefel
Bett und Kohlen, Mensch und Schwein –
alles, alles wird geschoben,
weit ist unser Jagdgebiet:
Schieben, schieben, welch Vergnügen!
Auch Minister schieben mit!

Bis zur Unterzeichnung des Versailler Vertrages wurde eine Blockade über Deutschland verhängt. Luise nähte nur noch gegen Lebensmittel.
Dr. Cahn, der seine Praxis wieder aufgenommen hatte, war sehr ernst geworden. Rings um sein Som-

merhaus baute er nun Gemüse und Kartoffeln an, und die der Kriegshölle entronnenen, am Leben gebliebenen jungen Künstler fanden sich hier neu zusammen. Alle versuchten sie, an die alte, gewachsene Kultur ihrer Stadt wieder da anzuknüpfen, wo sie bei Kriegsbeginn abgebrochen worden war.

»Oh, ihr Kintschler«, spöttelte Luise manchmal hinter ihrer Nähmaschine, wenn die fröhliche Schar sich in Reinholds Zimmer um den schönen Flügel zusammenfand. Da war vor allem die in ganz Karlsruhe bekannte »Eglerei«, drei herzerfrischende Brüder, die, wie Reinhold sagte, aus purem Wasser ein herrliches Wein- und Bierfest zustande brachten. Besonders mit dem ein Jahrzehnt jüngeren musisch begabten Ludwig Egler freundete sich Reinhold herzlich an. Egler sang Reinholds Lieder zur Gitarre, er schrieb Noten für ihn ab und verzierte die Liedblätter mit heiteren Illustrationen.

Was aber sollte aus der geplanten Gesangsausbildung in Berlin werden? Marie Walter war fest entschlossen, sie baldmöglichst in Angriff zu nehmen, zumal Reinhold sich den Vierzigern näherte und keine Zeit mehr zu verlieren hatte. Doch in Berlin löste eine politische Misere die andere ab: da waren die Spartakusunruhen und der Kapp-Putsch, die Streiks der Arbeiterschaft, so daß Licht und Gas ausfielen, und vieles andere mehr. Sollte man es trotzdem wagen?

Das Leben verläuft jedoch nie eingleisig, und so bereiteten sich Reinhold und Marie dennoch auf das Studium in Berlin vor. Beim Abschied gab Dr. Cahn dem Freund die Adresse eines ihm bekannten Berliner Augenarztes mit. Dr. Ginsberg*) hatte ebenfalls, durch eine Vereiterung des Fingers, sein geliebtes Geigenspiel aufgeben müssen. Danach hatte er seine Geige umbauen lassen und jahrelang auf die andere Hand umgelernt.

»Im Haus Ginsberg werden Sie ein Stück Heimat finden«, meinte Dr. Cahn. »Seien Sie jedoch politisch vorsichtig, Schaad. Ginsberg ist kein ›roter‹, er trauert dem Kaiserreich nach.«

»Auch wenn ich dem Kaiser nicht nachtraure, Doktor«, meine Reinhold, »so beginne ich bereits zu ahnen, daß der edle Sozialismus von dem viel egoistischeren, unmoralischen Kapitalismus finanziert werden muß. Wie sagt der alte Fontane: *Wer mit achtzehn nicht revolutionär ist, hat kein Herz; wer mit vierzig noch revolutionär ist, hat keinen Verstand.*«

»Ihren Verstand möchte ich Ihnen, mit einigen Ausnahmen, nicht absprechen, Schaad.«

»Und was wären das für Ausnahmen?«

»Darüber möchte ich mich jetzt, vor Ihrer Abreise, nicht auslassen. Sicher ist, daß es Ihnen an Diplomatie fehlt. Sie sind halt ein Schwabe und immer gerade heraus. Und genau das macht Sie so liebenswert, man weiß immer, wie man mit Ihnen dran ist. So wird auch das vielleicht jetzt recht mondäne Berlin Ihren Charakter nicht verbiegen.«

---

*) Vater des berühmten Schauspielers Ernst Ginsberg. Dieser lebte von 1904–1964.

In Berlin

Ja, das möchtste!
Eine Villa im Grünen
mit großer Terrasse,
vorn die Ostsee,
und hinten die Friedrichstraße.
Mit schöner Aussicht
ländlich mondän.
Vom Badezimmer
ist die Zugspitze zu sehen.

Kurt Tucholsky

Das Berlin der Goldenen Zwanziger Jahre!
»Ich bin froh, daß du den schmutzigen Anhalter Bahnhof nicht sehen kannst, Reinhold«, meinte Marie, als das Paar nach langer Fahrt in Berlin angekommen war. »Deine romantischen Vorstellungen von einer großen Kulturstadt wären zerstört.«
Dem war nicht so. Berlin schien einen fast unstillbaren Nachholbedarf an Kultur zu haben. Die Sehnsucht nach dem Musischen scheint tiefer im Menschen zu liegen, als er weiß. Musik und Theater erlebten eine Blütezeit. Namen wie Stefan George, Werner Kraus oder Elisabeth Bergner tauchten auf, auch Max Reinhardt wurde von Reinhold noch kurz erlebt. Der Sohn von Dr. Ginsberg, in dessen Haus Reinhold freundlich aufgenommen wurde, hatte Beziehungen zu den Theatern der Stadt; er verschaffte Reinhold Karten für das sogenannte Nachttheater, in welchem nur nachts

gespielt wurde. Reinhold fand sich darin besser zurecht als die Sehenden. Mit der U-Bahn konnte man verhältnismäßig günstig überall hingelangen.
Im Restaurant Harry Bender, wo viele Künstler verkehrten, traf Reinhold diesen oder jenen Musiker aus seiner Leipziger Zeit. Auch in die neuromanische Kaiser-Wilhelm-Gedächtniskirche ging er gerne; sie war wie eine stille Insel inmitten des ihn oft irritierenden Hastens und Wogens in der großen Stadt. Die etwas abgewirtschaftete Wohnung, die Marie gemietet hatte, sah er nicht und fühlte sich durchaus wohl.
In dem herrlichen Potsdam wäre ich fast ein halber Preuße geworden, schrieb er der Schwester über einen Ausflug nach Sanssouci. *Aber nur ein halber! Schwabe bleibt Schwabe, da kann man nichts machen.*

Wenige Tage später brachte Marie nach einem Gang zum Briefkasten die Abendausgabe des Berliner Tageblattes mit.
»*Berlin, Samstag, 24. Juni 1922*« las sie. »*Nach einer amtlichen Mitteilung wurde heute vormittag Walter Rathenau, kurz nachdem er seine Villa im Grunewald verlassen hatte, um sich in das Auswärtige Amt zu begeben, erschossen und war sofort tot. Der Täter fuhr mit dem Auto nebenher und sauste nach vollbrachter Tat weiter.*«

Zwei rechtsradikale Offiziere hatten den Außenminister, der sich auch als Schriftsteller einen Namen gemacht hatte, ermordet.
»Wohin soll das noch führen?« fragte Reinhold entsetzt. »Macht sich hier ein primitiver Antisemitismus breit? Welch dunkle Schatten entstehen immer wie-

der von neuem über unserer Welt! Kaum glaubt man den Krieg überwunden zu haben, so tauchen bereits neue gewaltsame Morde auf. Kommt denn das Böse nie zur Ruhe?« Reinhold trauerte aufrichtig um den begabten Politiker, dessen (etwas utopische) Vorstellungen von einer Zukunftsgesellschaft jenseits von Sozialismus und Kapitalismus er sehr unterstützt hatte.

Die Hauptsache in Berlin war freilich das Gesangstudium bei Professor Armin. Reinhold empfand es als überaus anstrengend. Der Professor versuchte, durch das Stauen einer Luftsäule über dem Zwerchfell ein größeres, schwingendes Stimmvolumen zu erreichen. Es war viel Üben notwendig, aber der Erfolg blieb nicht aus: Reinholds Baß wurde so mächtig, daß er mühelos ein Kirchenschiff füllte.
Wir alle kannten seine Stimme, schreibt Clemens Weis. *Ein sehr bedachtsames Studium hatte ihm ein neues Instrument künstlerischer Tätigkeit erschlossen.*

Ehrlicherweise muß hinzugefügt werden, daß es zwar eine gewaltige, ausdrucksvolle, aber mit steigenden Jahren nicht immer schöne und angenehme Stimme wurde. Dabei hatte Reinhold eine solch wohltuende Sprechstimme! Nachträglich frage ich mich, ob das Stauprinzip der richtige Weg für ihn war. Es hatten sich in seinem Leben so viele ungelebte Möglichkeiten angestaut, daß man ihm eine befreiendere Technik gewünscht hätte.
Allerdings hätte Reinhold ohne das Studium bei Professor Armin nicht die Bekanntschaft eines jungen Mannes gemacht, die sehr wesentlich für sein Leben

und dadurch später auch für *mein* Leben wurde. Es war die Bekanntschaft mit Albrecht Kurtz.
Hier muß ich etwas ausholen:
Albrecht Kurtz war der jüngste Sohn eines Kommerzienrates, der sich in der zweiten Hälfte des 19. Jahrhunderts einen entzückenden Landsitz in Nordwürttemberg, nahe bei Künzelsau, erbaut hatte. Noch Jahrzehnte nach seinem Tod erzählten die Leute von seiner wunderschönen jungen Frau, die rasch nacheinander vier Töchter und zwei Söhne geboren hatte. Bei der Geburt des jüngsten Sohnes Albrecht war sie gestorben. Das war besonders tragisch, weil Albrecht blind zur Welt gekommen war. Die junge Mutter hatte zwar den Töchtern ihre bezaubernde Schönheit vererbt, aber die sechs Kinder waren nun ohne ihre wärmende Liebe. Der tief getroffene Vater heiratete schließlich die Schwester seiner Frau. Der blinde Sohn, begabt, aber nervlich zart, erhielt durch private Lehrkräfte eine gute Ausbildung und entwickelte ein erstaunlich sicheres Orientierungsvermögen.

Mein elterlicher Hof Hohebuch lag etwa eine halbe Wegstunde vom Kurtzenhof entfernt. Der Bruder meiner Mutter hatte als frisch gebackener Doktor der Landwirtschaft Albrechts Schwester Alice geheiratet; das Ehepaar bewirtschaftete nun den Hof. Albrecht lebte mit der alten Stiefmutter im geräumigen Oberstock des gepflegten Hauses, das vor einem großzügig angelegten Park lag. Später ging er zur Ausbildung seiner Singstimme nach Berlin zu Professor Armin. Dort traf er Reinhold Schaad. Er lud ihn ein, seine Ferien auf dem Kurtzenhof zu verbringen

Als Kind war für mich der Kurtzenhof mit seinem märchenhaften Garten der schönste Ort der Welt. Es gab Holzhäuser darin, kleine Seen und Teiche, Gewächshäuser mit wundervollen Blumen. Ein Flüßchen mit einer Brücke aus Birkenstämmen schlängelte sich an lichten Frühlingswäldchen mit Tausenden von Szilla- und Anemonenblüten vorbei.

Nicht zuletzt waren da der Onkel und die Tante samt Vettern und Kusinen, die alle sehr gütig mit uns Kindern umgingen. Onkel Albrecht gehörte mit dazu, er liebte unsere kleinen Hände, wenn wir ihn etwas ängstlich die schmalen Gartenwege entlang führten.

Zu den prägendsten Erinnerungen gehören jene Nachmittage, wenn ich erhitzt vom fröhlichen Versteckspiel inmitten von Blumen und Baumschatten innehielt und aus den sommerlich geöffneten Fenstern Onkel Albrechts Stimmübungen hörte. Es waren dunkle Töne, die für mich aus der Tiefe seiner Seele kamen. Dabei überfiel mich jedesmal ein heftiger Schmerz. Onkel Albrecht war blind, er konnte die Sonnenstrahlen in den Zweigen nicht sehen, den grünen Rasen nicht und gar keine Blüten. Dieser Gedanke war mir fast unerträglich, und ich mußte abends in meinem Bett immer wieder darüber nachdenken, warum der liebe Gott das nicht ändern konnte oder wollte.

Ob Onkel Albrecht seinen in Berlin gewonnenen Freund Reinhold Schaad schon während der gemeinsamen Berliner Studienzeit auf den Kurtzenhof mitnahm, weiß ich nicht; meine Erinnerungen reichen nicht so weit zurück. Ich weiß aber, daß sein Name mir längst vertraut war, als ich ihn persönlich kennenlernte. Reinhold liebte den Kurtzenhof, ich könnte mir denken, daß dieser auch für ihn einer der schönsten Orte der Welt war. Wenigstens hat er Ähnliches immer mit großer Dankbarkeit bestätigt.

Zunächst kostete Reinhold die Berliner Jahre aus. Aber eines Tages waren sie verhältnismäßig jäh zu Ende, die Rückkehr nach Karlsruhe wurde unumgänglich. Die Inflation brach aus und vernichtete Maries Vermögen.

Das Leben der drei Menschen wurde nun zunehmend eingeschränkter und schwieriger. In der Erbprinzenstraße in Karlsruhe fand sich schließlich eine preiswertere Wohnung im Dachgeschoß eines geräumigen Hauses. Sie hatte viel Licht, was sowohl Luise als auch Reinhold begrüßten.

»Auch wir Blinden brauchen Licht und Sonne«, sagte er einmal, »vielleicht vermittelt die Sonne noch andere Kräfte als Helligkeit und Wärme, wir wissen es nur nicht. Am Ende hat es mit dem jetzt modern werdenden chinesischen Yin und Yang zu tun.«

Besonders schön war, daß zu der Wohnung bereits ein Telefon gehörte, was damals in Privatwohnungen noch nicht selbstverständlich war.

Reinhold begann nun in kleineren Konzerten mitzuwirken, erarbeitete sich einige Gesangsliteratur und beschäftigte sich mit dem Klavierspiel. Sein Flügel war ihm trotz der Inflation geblieben, und auch der em-pfindliche Finger erlaubte bereits ein intensiveres Üben. Er lernte Schuberts Zyklus »die Winterreise« auswendig, sie lag ihm besonders. Wenn er bei gegebenem Anlaß einiges daraus vortrug, so konnte einem das sehr wohl unter die Haut gehen. Daneben schrieb er Geschichten und kleine Artikel, spritzige politische Gedichte, die sogar der »Simplicissimus«, eine berühmte satirische Zeitschrift, aufnahm. Marie Walter litt unter dem Verlust ihres Vermögens. Sie begann vorübergehend zu kränkeln, und Dr. Cahn kam jetzt oft in die Schaad'sche Wohnung. Anschließend verstauchte sie sich den Fuß, so daß sie sich längere Zeit zu schonen hatte.

»Was machen wir jetzt mit Ihnen, Schaad?« fragte der Doktor. »Der Sommer steht vor der Tür, und Sie sollten einmal gründlich allen Alltagskram hinter sich lassen. Ich habe einen Vorschlag: Unser Sommerhäuschen im Albtal steht über die Ferien leer, weil wir mit unseren Kindern, ihrer Bronchien wegen, an die Nordsee gehen. Man sollte es aber in dieser guten Jahreszeit nicht wochenlang unbenützt lassen. Eine junge Bekannte meiner Frau könnte Sie begleiten, außerdem ist eine tüchtige Zugehfrau oben, die täglich nach dem Rechten sehen wird. Wir haben ja immer noch etwas Gemüse angebaut dort, das sollte nicht verderben. Erinnern Sie sich an Angela? Sie hat einmal Ihre Hand massiert, als sie mir in der Sprechstunde aushalf. Angela wird Sie gut betreuen, sie ist fleißig und geschickt.«

»Angela? Ist sie das junge Mädchen, das so sanfte Hände und solch eine sympathische Stimme hat?«

Dr. Cahn hob den Zeigefinger:

»Es ist nicht vorgesehen, teurer Freund, daß Sie sich in sie verlieben. Sie sind zwanzig Jahre älter. Angela hat auch ganz andere Interessen. Mit Kant, Schopenhauer und Lichtenberg können Sie ihr nicht kommen.

Trotzdem werden Sie sich nicht langweilen. Ein Klavier und Bücher zum Vorlesen sind oben, und wir haben ein neues Kopfhörerradio angeschafft, was ganz Modernes. Vor allem sollten Sie die Natur erleben, unbeschwerte Spaziergänge machen und das feuchtheiße Karlsruhe nach Leib und Seele hinter sich lassen. Bis Sie zurückkommen, wird Frau Walter gesund und gehtüchtig sein.«

Angela

*Es ist Unsinn –
sagt die Vernunft.
Es ist, was es ist,
sagt die Liebe.*

*Es ist ein Unglück,
sagt die Berechnung,
es ist nichts als Schmerz,
sagt die Angst.*

*Es ist aussichtslos,
sagt die Einsicht.
Es ist, was es ist,
sagt die Liebe.*

*Es ist lächerlich,
sagt der Stolz.
Es ist leichtsinnig,
sagt die Vorsicht.*

*Es ist unmöglich,
sagt die Erfahrung.
Es ist, was es ist,
sagt die Liebe.*

Erich Fried

Auch wenn sich Marie Walter von Eifersucht fast verzehrte, so gestalteten sich die Tage mit Angela im Cahn'schen Sommerhaus von Anfang an traumhaft schön. Zwar mußte die Zugehfrau gleich am zweiten Tag wegen einer Blinddarmentzündung ins Krankenhaus gebracht werden, aber Angela arbeitete sich gut ein. Sie fühlte sich bald geborgen bei dem ruhigen, warmherzigen und einfühlsamen blinden Mann, der so viel geduldige Reife ausstrahlte.

Daß es mit dieser Reife nicht so weit her sei, mußte sich Reinhold von Tag zu Tag mehr eingestehen. Obwohl es ihm zunächst gelang, eine väterliche Rolle zu spielen und sich nichts anmerken zu lassen, so tauchte er doch täglich mehr in die Verzauberung ein, mit der ihn die Nähe des Mädchens umhüllte. Er hatte nie geglaubt, dem Geheimnis der Liebe je so nahe kommen zu dürfen. Angelas weiche Stimme, ihre sanfte Haut, die Frische ihrer unbekümmerten Jugend inmitten der blühenden Sommerwelt, alles wurde ihm zu Lied und Musik. Das schlichte Sommerhaus verwandelte sich in ein Märchenschloß voll unerlöster Sehnsucht. Unser Dasein setzt sich eben nicht nur aus Realitäten zusammen, die andere Hälfte unseres Lebens besteht aus Wünschen, Hoffnungen, Phantasien und Träumen.

Sie schlenderten miteinander durch die sommerlichen Wiesen und Wälder, sie atmeten den Duft der zweiten Rosenblüte, sie vergaßen Zeit und Stunde bei langen, nächtlichen Wegen, in denen sich Reinhold schlafwandlerisch sicher zurechtfand. Angela war glücklich. An ihrer Hand wurde Reinhold knabenhaft jung. Bisher ungeahnte Kräfte erwachten in ihnen beiden, das berauschende Erlebnis der Leibhaftigkeit schwang durch sie hindurch und erweiterte ihre Sinne zu feinerem Hören, tieferem Schauen, wacherem Verstehen. Reinhold vergaß seine Trauer über das verklungene Cellospiel, er vergaß, daß er ein armer, blinder Erdenbürger war. Alles atmete, duftete, bebte und sang, es schien ihm, daß er viel wirklicher lebte und liebte als je ein Mensch zuvor. Sie redeten und schwiegen miteinander; jeder aufsteigende Tag erfüllte sie mit Staunen, die Zeit war in die Ewigkeit eingetaucht. Nur manchmal lief es wie ein zitternder Schauer durch Angela hindurch, wenn sie sich an Reinhold lehnte:

»Mir wird bang – vor lauter Seligkeit!«

Sie waren viele Tage völlig ungestört in ihr Glück versunken. Nur einmal war überraschend Luise gekommen. Es war ihr nicht entgangen, daß sich hier ein Märchen ereignete, das in der Wirklichkeit des näher rückenden Alltags freilich kein Märchen bleiben würde. In ihrer nüchternen Art machte sie nicht die geringste Bemerkung, und Reinhold war ihrer Verschwiegenheit gewiß. Sie gönnte dem Bruder die ihn befreiende Entrücktheit. Er würde schon wieder auf die Erde zurückfinden. Und da sie kein Engel, sondern ein normaler Mensch war, gönnte sie es auch Marie Walter, daß diese ihre Besitzansprüche an den geliebten Bruder nicht mehr ausschließlich allein geltend machen konnte.

Der September kam, und im Sommerhaus wurden die Läden geschlossen. Reinhold und Angela wußten bei ihrer Rückkehr nach Karlsruhe nicht, wie sie ihre Glücksfracht an die Ufer des Alltags heranschiffen sollten. Sie nahmen sich aber vor, so verschwiegen damit umzugehen, daß niemand etwas merken sollte. Marie war immer noch nicht gut zu Fuß, und so machten sie allein lange Spaziergänge in den Hardtwald. Der Herbst nahte, es wurde früh dunkel, sie achteten nicht darauf.

Dr. Cahn freute sich unbefangen an dem guten Aussehen seines Freundes. Auch Angela war einmal bei ihm vorbeigehuscht, sie war zu einer fast fraulichen Schönheit aufgeblüht. Aber ehe er sie erstaunt fragen konnte, wie es ihr gehe, war sie schon wieder fortgeeilt.

Es war an einem überirdisch schönen Herbsttag, als Reinhold und Angela plötzlich wußten: Nun müssen wir von unserem Sommer Abschied nehmen. Sie dehnten den Tag in den Abend aus und wanderten bei bereits eingebrochener Dunkelheit um den See im Stadtgarten. Ein leichter Nebelschleier schwebte über dem Wasser, er lag wie ein verhüllter Spiegel. Sie gingen wie im Traum und fürchteten sich vor dem Erwachen.

Das Erwachen setzte gründlich ein, nachdem Angela den Freund noch bis an seine Haustür begleitet hatte. Als sie aufgeschlossen hatte, drang Geschrei durchs Treppenhaus.

»Ach, es ist wieder einer von Maries Nervenzusammenbrüchen«, seufzte Reinhold. »Sie ist eifersüchtig.«

»Weiß sie denn überhaupt etwas von uns?« fragte Angela erschrocken. »Sie kennt mich ja gar nicht.«

»Einer Frau wie Marie entgeht in dieser Richtung nichts, mein Liebes. Wir müssen warten, bis sie sich beruhigt hat.«

Beide drückten sich in eine dunkle Ecke des Treppenhauses.

»Er ist ein Schuft, Luise«, schrie die aufgebrachte Frau.

»Er nützt meine Gehbehinderung aus. Da steckt diese Göre, die Angela, dahinter! Aber sobald ich wieder kann, wie ich will, wird er ohne mein Wissen keinen Schritt mehr über die Schwelle setzen. Er denkt wohl, ich sei eine Art Mutter für ihn und er könnte mich abschieben, wie es ihm paßt. Alle meine Kraft und mein Geld habe ich ihm gegeben – und das ist der Dank!«
»Beruhige dich, Marie«, ertönte aus dem Hintergrund Luises kühle Stimme. »Das ganze Haus hört mit.«
Marie begann zu schluchzen.
»Sollen sie es hören! Wenn ich könnte, ich würde ihn erwürgen, ich würde beide erwürgen!«
»Das läßt du besser bleiben, denn dafür bekämst du lebenslänglich«, erwiderte Luise trocken.
Marie steigerte sich in einen Weinkrampf hinein.
Sanft nahm Reinhold seine junge Gefährtin am Arm.
»Laß uns noch eine Weile draußen bleiben. In solchen Augenblicken ist sie unberechenbar.«
Stumm liefen sie ein paar mal die Straße auf und ab, bis es im Haus ruhig geworden war. Dann verabschiedeten sie sich voneinander, bedrückt und traurig. Die Realität hatte sie eingeholt.
»Leb wohl, Reinhold«, rief Angela nochmals leise von der anderen Seite der Straße. Und sie wiederholte: »Leb wohl!«
Sie entschwand in der Nacht. Er hörte ihre leichten Schritte auf dem Pflaster verhallen. Dann schleppte er sich mit bleiernen Füssen zu Luise hinauf, die noch in der Nähstube arbeitete. Marie begrüßte er nicht mehr. Schließlich ging er übermüdet in sein Zimmer.
Wie betäubt sank er in einen kurzen Schlummer, aus dem er bald wieder erwachte. Eine heftige, nicht er-

klärbare Unruhe packte ihn. Schlaflos blieb er bis zum Morgen und stand auf, ehe die Glocken den Sonntag einläuteten. Sollte er mit Luise zum Gottesdienst gehen? Auf diese Weise könnte er Marie noch ein wenig ausweichen. Ach nein, er wollte doch lieber allein bleiben. Er schloß seine Zimmertür ab und versuchte, durch langsames Hin- und Hergehen seine Aufregung zu meistern. Es gelang nicht. Die Sehnsucht nach Angela überfiel ihn mit Macht.

Als Luise gegen Mittag seine verzweifelte Rastlosigkeit bemerkte, schlug sie ihm vor, ein angenehm warmes Bad zu nehmen, mit vielen Kräutern, das würde die Nerven beruhigen. Dankbar nahm er ihre Fürsorge an.

Kaum war er fertig, als das Telefon läutete.

»Laßt mich ran«, rief er heftig und tastete nach dem Hörer, »das ist für mich!«

Es war Dr. Cahn.

»Angela ist vorhin tot in ihrem Bett aufgefunden worden.«

»Um Himmels willen, Doktor! Hat sie...«

»Es ist ziemlich sicher, daß sie Schlaftabletten genommen hat. Aber die Familie will an einen Herztod glauben und verbietet mir die Obduktion.«

»Ich komme, Doktor. Würden Sie – wäre es Ihnen möglich, mir eines Ihrer Kinder entgegen zu schicken? Ich glaube nicht, daß ich mich genügend auf den Weg konzentrieren kann.«

Dr. Cahn hatte sich vorgenommen, den Freund gründlich und notfalls streng nach allen Einzelheiten auszuforschen. Er hatte in Erfahrung gebracht, daß Reinhold am Vorabend noch spät mit Angela zusammen gesehen worden war. Aber als dieser ihm nun gegenüberstand, um Jahre gealtert, umgeben von einer Wolke tiefster Schwermut, wagte er keine einzige Frage. So nahm er nur still seine Hand und geleitete ihn zum bereitstehenden Stuhl, geduldig wartend, bis Reinhold fähig wäre, einige Erklärungen abzugeben. Er schien völlig unvorbereitet. Was sollte also das Fragen und Forschen! Das Leben hatte sein »zu spät« geschrieben.

Sehr zögernd und stockend berichtete Reinhold von Maries Zornausbruch. Es war ihm, als verrate er damit seine Liebe. Aber die gütige Art des Arztes, ihm zuzuhören und ihn verstehen zu wollen, half ihm, sich auszusprechen.

»Und Sie meinen, dadurch habe sich eine solche Verzweiflungstat ausgelöst?« fragte Dr. Cahn schließlich.

»Nicht allein, denke ich. Sie war noch so unendlich jung! Sie glaubte an die Ewigkeit der Liebe und versuchte, Zeit und Raum zu durchbrechen. Wir sprachen manchmal darüber, daß es Zeit und Raum in Wahrheit gar nicht gäbe.« Er schwieg und fügte nach langer Pause mit weher Stimme hinzu: »Sie war so glücklich. Sie ertrug es nicht, nun alles zerstört zu sehen.« Er bedeckte das Gesicht mit beiden Händen. »Das spricht mich nicht frei von einer großen Schuld. Aber ich kann es nicht mehr ändern und muß damit leben lernen.«

Der Arzt seufzte schwer.

»Auch ich fühle mich schuldig. Ob es überhaupt ein Leben ohne Schuldigwerden gibt?«

Dann saßen sie schweigend beisammen. Reinhold wurde allmählich ruhiger.

»Ich bringe Sie noch nach Hause«, sagte Dr. Cahn und erhob sich. Auch Reinhold stand langsam auf.
»Das ist nun wieder ein weiterer Lebensschlag, Doktor. Zuerst die Blindheit, dann das Cello und jetzt *sie* – mein Leben ist ganz ohne Glanz... Bleiben Sie mir trotz allem treu, Doktor?«
»Das ist selbstverständlich, Schaad.«

Am nächsten Tag ließen sich Angelas Eltern bei Reinhold melden. Auch wenn sie von der innigen Beziehung nichts wußten, so fühlte er sich ihnen in ihrer Trauer dennoch verbunden, und ihnen tat seine ernste Teilnahme wohl.
»Wir sind gekommen«, sagte der Vater, »um Sie herzlich zu bitten, an Angelas Beerdigung zu singen. Wir haben Sie einmal bei einem Konzert gehört und waren tief beeindruckt.«
Reinhold hielt sich an seiner Schreibtischplatte fest. Ihm wurde schwindelig.
»Ich kann zur Zeit leider nicht singen. Bitte verstehen Sie das.«
Aber sie verstanden nicht. Wie hätten sie es auch können? Sie drangen in ihn, sie wehrten seine falsche Bescheidenheit ab, sie schlugen ganz einfache Lieder vor. Er brauchte an diesem bitteren Tag seine letzte Kraft, um ihre Bitte abzulehnen.
»Daß Sie das nicht unserer Tochter zulieb tun können!«
Wie wenig wissen Eltern manchmal von ihren Kindern...

Merkwürdigerweise rannen die Stunden auch durch diese dunklen Tage. Marie Walter schien etwas von

Reinholds Schmerz zu erfassen, denn sie war still und half ihm fast untertänig bei seinen Alltäglichkeiten. Welche Wunden sie durch ihr Verhalten aufgerissen hatte, erfuhr sie nie. Reinhold vermochte nicht mit ihr darüber zu sprechen.

Seine Bitterkeit ihr gegenüber wuchs von Tag zu Tag, auch wenn er sie tief in sich verschloß. Plötzlich war er unendlich müde geworden, sie auszuhalten. Er wußte, daß es nicht recht war, denn sie war unschuldig an dieser tragischen Verkettung. Aber das machte alles nur noch verwirrter.

Gab es denn keinen Ausweg? Das Heimweh nach Angela schmerzte. Er verfiel auf den unglücklichen Gedanken, spiritistische Versammlungen zu besuchen, um vielleicht mit ihr in Kontakt zu gelangen. Schließlich kam ihm eine Idee, die sich in der Folge tatsächlich als rettend erwies. Er telegraphierte nach Stuttgart:

Robert, komm, ich brauche dich.

Und Robert Bayer erfaßte den Notruf, ließ alles liegen und stehen, nahm den nächten Zug nach Karlsruhe und schloß noch am gleichen Abend den Freund wortlos in die Arme.

Die Hündin Bella

Der wahre Freund
bleibt unserem besseren Ich verbunden,
ja, er bleibt sein Anwalt,
wenn wir es selbst
zu verraten drohen.

Otto Kaiser

»Du bist ein Engel!« Dem Freund Robert gegenüber war es nicht nur eine Redewendung von Reinhold. Er tat wirklich Engelsdienste in dieser gespannten und ein wenig verfahrenen Situation und bewährte sich als großartiger Freund. Da er wußte, daß bei Reinhold kein Gefühl an der Oberfläche blieb, erreichte er ihn in seiner verzweifelten Schwermut. Er ging sogar mit ihm zu einer spiritistischen Sitzung, überzeugte ihn aber bald, daß diese unheimlichen Dinge keinen Ausweg darstellen könnten.

Hautnah erlebte Robert nun auch die Schwierigkeiten im Zusammenleben der drei so grundverschiedenen Menschen. Marie zeigte Luise gegenüber oft einen leisen Anflug von Hochmut. Sie fühlte sich als Reinholds unentbehrliche Lebensgefährtin. Da sie sich neuerdings keine Haushaltshilfe mehr leisten konnte, blieb manche sogenannte »niedere« Arbeit liegen, bis Luise sie endlich stillschweigend erledigte.

Behutsam versuchte Robert, seinen Freund auf die Probleme der alternden Frau Walter aufmerksam zu machen.

»Männer ahnen in der Regel nicht, wie sehr sie die Partnerin verletzen, wenn sie sich mit einer anderen, attraktiveren Frau in eine Begegnung einlassen«, sagte er. »Sie meinen es gar nicht so grundsätzlich untreu, wie es manchmal herauskommt.« Robert war selbst verheiratet und wich den Problemen nicht aus. Litt Marie vielleicht unter dem fehlenden Trauschein? Aber hier war Reinhold unzugänglich. Wer weiß, ob die längst verstorbene Mutter nicht doch ihren Einfluß geltend machte?
Viele Jahre später, nach Reinholds Tod, schrieb mir Robert einmal in einem Brief einige Sätze, die hierher gehören:

Es wurde mir damals klar, daß es vor allem Maries unerlöste Mütterlichkeit war, die überhaupt begreifen läßt, warum solch ein ungleiches Paar zusammenbleiben konnte. Maries unerhörte Aufopferungsbereitschaft nötigte mir immer wieder Bewunderung ab. Nun ist aber Reinhold öfters gebildeten und bedeutenden Frauen begegnet, die sich gerne mit ihm unterhielten. Dabei sind sich die beiden weniger srahlenden Frauen an seiner Seite dann im Schatten stehend vorgekommen. Neid und Eifersucht waren die Folge. Die Situation war wohl lebenslang für alle drei schwer zu bestehen.

Bei seinem Abschied gab Robert der Hausfrau Marie Walter einen Handkuß, was bei ihm als einem gesellschaftlich nicht gewandten Schwaben höchst ungewöhnlich war. Reinhold bemerkte die aufmerksame Geste und wurde sehr nachdenklich.
Robert hatte übrigens dem Freund einen Vorschlag gemacht.

»Wie wäre es, wenn du dir einen Blindenhund anschaffen würdest? Durch die vielen Kriegsblinden werden mehr Hunde gebraucht als früher. Du würdest sicher einen bekommen. Und beim Finanzieren hilft dir der Blindenverein.« Reinhold war gerne bereit, es würde ihn ablenken und wieder auf den Boden der Wirklichkeit bringen.

In Stuttgart war ein Ausbildungszentrum für Blindenhunde. Robert leitete alles in die Wege, füllte Antragsformulare aus und sprach ausführlich mit dem Hundetrainer. Nach einem halben Jahr erhielt Reinhold den Bescheid, man habe eine (bereits sterilisierte) Schäferhündin namens Bella für ihn ausgesucht und hoffe, daß sie sich für ihn eigne. Er müsse jetzt mindestens für vier Wochen ins Trainingszentrum kommen, damit sich das Tier an ihn gewöhne und er mit ihm umgehen lerne.
»Ein Führhund kann nur dann auf Sie abgerichtet werden, wenn er es wirklich will«, sagte bei seiner Ankunft der Trainer. Er hatte schon einige Wochen, sogar manchmal bei verbundenen Augen, mit dem Tier gearbeitet. »Ich kann nicht für den Erfolg garantieren, Herr Schaad.«

In den ersten Tagen war Reinhold versucht, seinen Plan wieder aufzugeben. Alles war viel mühevoller, als er es sich vorgestellt hatte: die Zubereitung des Fressens, das Sauberhalten des Napfes und das Anlegen des Hundegeschirrs, welches an einer ausgestopften Hundepuppe geübt werden mußte.
Nach einer Woche wurde ihm das Tier aufs Zimmer

gebracht; es fand sofort seinen Korb in der Ecke. Würden die beiden einander verstehen lernen?

Schon nach kurzer Zeit merkte Reinhold, daß Bella ein ausgesprochen kluges und sensibles Tier war. Ihr Fell, das er häufig bürsten mußte, um näheren Kontakt mit ihr zu finden, war dicht und glatt. Sie hatte es gern, von ihm gepflegt zu werden, und ihre sich mehr und mehr entwickelnde Anhänglichkeit beglückte den Einsamen.

Bald konnten sie gut miteinander spazierengehen, obwohl Reinhold mehr als einmal seine Füße auf Bellas Pfoten setzte. Auf einem erhabenen Stadtplan seiner Heimatstadt prägte er sich den Weg zu Roberts Büro ein, und es war ein überwältigendes Erlebnis für die Freunde, als Reinhold eines Tages an die Tür des erfragten Büros klopfte.

Bellas Jubel, wenn sie ihren Herrn nach einer Stunde des Austobens wieder begrüßte, hatte etwas Rührendes an sich. Reinhold mußte viel über die dem Menschen so nahestehende Kreatur nachdenken. Er empfing ein Stück Geborgenheit und Nähe durch Bella, wie er es nie erwartet hatte.

Bei der Heimfahrt nach beendeter Ausbildungszeit war Bella bereits eine beachtliche Hilfe. Nicht ganz so leicht war das Eingewöhnen zu Hause, denn beide Frauen waren zunächst recht hilflos mit dem großen Tier. Außerdem ließ sich nur in der geräumigen Küche ein brauchbarer Platz für Korb und Freßnapf finden, worüber sie nicht sonderlich entzückt waren. Auch wurde Marie bald ein wenig eifersüchtig auf Bella, und das nicht zu Unrecht, denn Reinhold schenkte der Hündin viel freundschaftliche Zuwendung.

Die Fächerstadt Karlsruhe war angenehm für Blindenhunde. Durch die klare Gliederung ihrer Straßen fand sich Reinhold bald mit Bella zurecht. In einer Zeitungsspalte schilderte er seine Erfahrungen. Er schrieb:

Die meisten Menschen halten meine Bella für klüger als mich. Sie meinen, ich brauche meinem Hund nur zu sagen, wohin ich gehe, und dann klappe das. Aber ich muß natürlich den Weg und das Ziel genau wissen. Und auch den Rückweg muß ich mir einprägen. Alles, was ein Hund kann, ist: durch Stehenbleiben die Randsteine zu markieren oder zu warten, bis ein Auto vorübergefahren ist. Oder auch ein Hindernis auf der Straße und auf dem Gehsteig anzuzeigen. Manchmal stehen mitten auf der Straße ein paar Frauen und schwatzen. Natürlich sehe ich sie nicht, und sie weichen nie aus. Ich muß immer abwarten, auf welcher Seite Bella um die Frauen herum will. Wenn wir beide uns jedesmal darüber ärgern wollten, fielen wir von einer Gallenkollik in die andere. Aber nichts gegen die Frauen, auch wenn sie oft sagen: »Ach, der arme Mann!«, was mich zu Raserei bringen kann. In der Regel gehen sie mit unsereinem geschickter um als die Männer.
In der Hauptsraße ist zur Zeit ein Lärm, daß man sein eigenes Wort nicht mehr versteht. Wieviel unnützer Lärm wird doch gemacht! Dabei verliert ein Blinder seine Orientierungsfähigkeit. Wenn ein Auto hupt, ertrinkt alles in diesem Laut. Letzte Woche schnurrte ein Radfahrer in voller Fahrt aus einem Torweg heraus, den ich gerade mit Bella überqueren

wollte. Dabei streifte er noch den Hund, so daß dieser bellend zurückfuhr. Es war ein Junge von etwa dreizehn Jahren. Er entschuldigte sich, aber ich sagte ihm, daß durch solch unvermutetes Herausfahren mehr passieren könne als beim Überqueren eine Straße, bei dem der Hund geschult ist.
Wunderbar ist, daß Bella beim Heimkommen immer vor der eigenen Haustür stehenbleibt, so daß ich nie tasten muß. Meinen Freunden will ich allerdings beibringen, daß sie vorausgehen müssen, weil sonst der Hund eifersüchtig wird. Vorangehen ist überhaupt wichtig für uns, weil wir ja das auftauchende Hindernis nicht sehen können. Ich habe mir deshalb einen Hut mit einem riesigen Rand angeschafft. Er ist das Entsetzen meiner Schwester, und sie wollte den Rand ringsum abschneiden. Aber ich brauche ihn, er macht mich auf Hindernisse in Augenhöhe aufmerksam, vor denen mein Hund mich nicht warnen kann.
Ein erfreulicher Nebeneffekt ist, daß Bella und ich genügnd ins Freie müssen. Und zwar bei jedem Wetter. Sie muß sich ja auch irgendwo austoben, da gehen wir dann meist nach Durlach auf den Turmberg. Manchmal wundere ich mich, daß Bella nicht reden kann, so gut versteht sie mich. Immer wieder neu stellt sie sich auf mich ein und lebt ihr Dasein für mich. Wir sind wunderbare Freunde geworden.

Bella schenkte dem Blinden, trotz vermehrten Arbeitsaufwandes, ein Stück Freiheit. Freilich ließ er nicht ohne Wehmut die Autos an sich vorbeisausen und dachte darüber nach, wie schön es wäre, wenn er auch autofahren könnte. Statt dessen sah er sich von seinem Hund gezogen durch die Straßen schlurfen. Diese Tatsache demütig anzunehmen, wurde ihm immer wieder von neuem schwer, und jedesmal, wenn er meinte, er sei innerlich darüber hinausgewachsen, fiel sie ihn hinterrücks wieder an.

Mit der Zeit fand er mehr Arbeit und Verdienst in der Geschäftsstelle des badischen Blindenvereins und ging täglich den Weg mit Bella. Er lernte mit neuartigen Blindenschriftmaschinen umgehen, denn darin machte die Technik mächtige Fortschritte. Er half beim Errechnen der Renten, lehrte einigen Blinden das Schachspiel, ordnete Spendengelder, vermittelte gute Blindenbücher und wies in neue Radiogeräte ein. Mit Erfolg setzte er sich im Rahmen aller Blindenvereinigungen für eine öffentlich rechtliche Blindenrente ein. »*Das Musterländle ist wieder mal vorangegangen*«, konnte er später mit einem gewissen Stolz sagen.

Die Jahre mit Bella hat Reinhold als bereichernd empfunden. Es gab viel zu lachen mit der klugen und fein empfindenden Hausgenossin. Nicht, daß sie immer gewollt hätte, was ihr Herr wünschte! Aber sie wurden einig miteinander. Und es war ein großes, lange anhaltendes Entbehren, als Bella nach mehreren Jahren erkrankte und Reinhold sie ins Tierheim bringen mußte, von wo sie nicht mehr zurückkehrte.

Angesichts des wachsenden Autoverkehrs wollte er sich keinen neuen Hund mehr anschaffen. Aber Bellas zutrauliche Nähe fehlte ihm sehr, und manchmal erwachte er nachts, weil er meinte, ihr Begrüßungsjaulen gehört zu haben.

Nun, da kein Hund mehr zu betreuen war, folgte Reinhold gerne der Einladung seines Freundes Albrecht Kurtz und besuchte für einige Zeit den Kurtzenhof. Es dauerte nicht lange, bis er auch besuchsweise mein Elternhaus betrat. Der Tag, an dem ich ihn kennenlernte, bleibt mir für immer in Erinnerung.

Erste Begegnung

> *In jedem Menschen ist etwas*
> *Kostbares, das in keinem anderen ist.*
>
> Martin Buber

Der Duft einer feinen Zigarre zog durch den Flur, als ich von der Nachmittagsschule heimkam. Es mußte also Besuch da sein. Ich horchte zunächst an der Tür, ehe ich ins Wohnzimmer trat. In der Unterhaltung fielen die Namen Brüning, Schleicher und von Papen; wir befanden uns am Anfang der Dreißiger Jahre. Ich beschloß, kurz »guten Tag« zu sagen und dann wieder zu verschwinden. Aber es lief alles ganz anders.
»Sieh, das ist Herr Schaad«, sagte meine Mutter, als ich eintrat. Sie saß zusammen mit Frau Walter (die mir recht alt vorkam) in der Ecke, wähend ein mittelgroßer Mann sich auf dem Klavierstuhl umdrehte, um mich zu begrüßen. Ich wußte von ihm, sein Name stand in unserem Liederbuch. Er erschien mir deutlich jünger als mein gleichaltriger Vater. Er trug eine dunkle Brille. Ich wäre zunächst nicht auf den Gedanken gekommen, einen Blinden vor mir zu haben. (In späteren Jahren erinnerte mich der Schauspieler Otto Schenk immer wieder an ihn).
Meine Mutter und Herr Schaad unterhielten sich derart angeregt, daß ich mir ebenfalls eine Tasse Kaffee holte, um am Gespräch teilzunehmen. Frau Walter

hielt sich zurück, sie schien ein wenig ermüdet durch den Spaziergang vom Kurtzenhof hierher.
Das Wetter war heiter, und schließlich äußerte Reinhold Schaad den Wunsch, noch ein wenig in unseren Garten zu gehen. Er wandte sich an mich:
»Darf ich mich dir anvertrauen? Ich merke, daß die beiden Frauen gerne noch ein wenig sitzenbleiben!«
Ich fühlte mich sehr geehrt mit meinen zwölf Jahren und geleitete ihn sicher zum Platz unter der großen Linde. Der Blinde begann den Baum mit seinen Händen zu betrachten und dabei hunderterlei Dinge zu entdecken, die ich nie bemerkt hatte. Wieviel intensiver »sieht« man mit Berührungen! Er fragte nach dem Alter der Linde, sog tief den Blütenduft in sich hinein und äußerte lächelnd, daß er kindischerweise etwas Angst hätte vor den Bienen, die er im Geäst summen hörte. Ich versprach aufzupassen, denn ich hätte auch Respekt vor Bienenstichen.
»Siehst du, da haben wir schon etwas gemeinsam«, sagte er mit einem gewinnenden Lächeln.

Ich war gerade auf der Schwelle zwischen Kind und jungem Mädchen und lebte in einer innerlich ungemein empfindungswachen und beeindruckbaren Phase. Reinhold Schaad stellte gute, sichere Fragen, erkundigte sich nach meinen Lieblingsfächern, ließ sich von meinen musischen und sportlichen Leistungen sowie von meinen Lehrern berichten. Er fragte nach Büchern, die ich las und die er zum Teil sogar kannte. Ich war glücklich, denn ich hatte bis jetzt noch keinen Erwachsenen gefunden, der sich für mich halbflügges Wesen sonderlich interes-

sierte. Ich erkannte auch bald, daß er anders war als die Menschen meiner Umgebung, daß er mich nämlich ernst nahm und mir dadurch Mut machte, meine eigenen Gedanken auszusprechen. Das war ein seltenes Erlebnis für mich, denn es lockte einiges aus mir heraus, von dem ich gar nicht gewußt hatte, daß es in mir war. Ich hatte bisher immer eine leise Angst vor dem Erwachsenwerden gehabt. Bei Herrn Schaad konnte ich meine Gefühle aussprechen, wie ich sie empfand, und er mochte wohl rasch verstanden haben, daß hier ein aufnahmebereiter und aufs Leben neugieriger junger Mensch vor ihm saß.
Nach einer Weile zog er seine goldene Taschenuhr aus dem Westentäschchen und tastete mit zart vibrierenden Fingern behutsam die Zeit ab.
Ich sehe seine Bewegungen noch heute vor mir. Er hatte nicht eigentlich Künstlerhände, sondern sie waren bei aller Feinfühligkeit fest, warm und eher gedrungen. Die Uhr hatte erhabene Stundenangaben und stabile Zeiger, war aber sonst genau wie andere Uhren auch. Herr Schaad spürte mein Interesse.
»Das kommt dir recht altmodisch vor, solch eine Uhr an der Kette. Aber bis jetzt trage ich meine Uhr noch nicht da, wo die Gefangenen ihre Fesseln tragen. Denn Zeit ist Leben, sie soll uns nicht einengen und hetzen. Ich habe übrigens jeder Stunde auf dieser Uhr einen Namen gegeben, symbolisch für die Stunden meines Lebenstages. Natürlich gehören alle Stunden zusammen und greifen ineinander wie der Kreis des Zifferblattes. Dennoch hat jede Stunde ihr eigenes Gewicht.«

Ich war begierig.

»Welchen Namen hat die erste Stunde?«

»Magst du raten? Du weißt es. Sie heißt: *Anfangen.* Das Leben, den Tag, die Aufgabe – alles ganz schlicht *anfangen,* immer wieder neu. Manchmal ist es leicht, manchmal ist es schwer. Auch ohne Lust muß man manchmal eben einfach anfangen und tun, was der Tag von einem fordert.«

Ich dachte an meine Schulaufgaben und an meine vielen lateinischen Vokabeln, mit denen ich am liebsten überhaupt nie begonnen hätte.

»Wie heißt die zweite Stunde?«

»Nun, wenn du alle Stunden wissen willst, dann sitzen wir heute nacht noch da. Gut – sie heißt: *Wollen!* Vielleicht sollte ich dazusetzen: den Willen zum Guten haben. Wissen, daß man, ein Stück weit wenigstens, einen freien Willen hat; und er ist eine starke Macht, wenn er richtig gebraucht wird.«

»Und die dritte Stunde?«

»Die gefällt dir nicht. Sie heißt: *Gehorchen!*«

Ich war verwundert.

»Ist Gehorchen so wichtig?«

»Ja, das richtige Gehorchen – oder sagen wir besser: richtiges Hinhören, was die Stunde jetzt von einem will, ist sehr wichtig. Der feinen inneren Stimme, die man Gewissen nennt, gehorsam sein.«

»Meinen Sie damit den Gehorsam gegen Gott?«

»Ja, er ist immer mit dabei, wo es um den wirklichen und nicht um den falschen Gehorsam geht, den es natürlich durchaus gibt.«

»Wie heißt die vierte Stunde?«

»Sie heißt: *Lernen.* Auch wenn du einmal nicht mehr

zur Schule gehst, ist Lernen weiterhin wichtig. Es hört gar nie auf. Lernen muß man immer.«
Ich seufzte.
»Ach, Lernen ist manchmal so schwer.«
»Ja, Lernen ist hart, das ist wahr. Aber ist es gleichzeitig nicht auch wieder schön, wenn man erkennt: dies oder jenes habe ich nun endlich gelernt?«
»Und die fünfte Stunde, wie heißt sie?«
»Willst du wirklich alle Stunden wissen? Sie heißt: *Lieben.* Vielleicht ist es die wichtigste Stunde, weil die wirkliche Liebe dem Leben erst seinen eigentlichen Sinn gibt. Man muß sehr zart und fein umgehen mit der Liebe, denn sie ist nicht nur von dieser Welt, und wenn man nicht behutsam genug ist, kann sie sterben.«
»Aber sie wird auch wieder lebendig«, widersprach ich. »Meine Schulfreundin und ich hatten eine schlimme Zeit. Wir dachten: es ist aus. Inzwischen ist es viel besser als vorher. Wir geben jetzt aber auch mehr acht!«
»Nun kommt die sechste Stunde, falls du sie noch wissen willst. Sie ist ganz unten auf unserer Uhr. Deshalb meine ich, wir sollten sie *Hoffen* nennen. Denn die Hoffnung darf man nie aufgeben, auch wenn man ganz unten ist. Wollen wir jetzt aufhören? Mußt du an deine Schulaufgaben?«
»Nein, dies hier ist wichtiger. Wie heißt die siebte Stunde?«
»Ob du das schon verstehst? Sie heißt: *Leiden.*«
»Keinesfalls verstehe ich es so gut wie Sie«, sagte ich leise.
»Dann wollen wir uns an dieser Stunde auch nicht so

lange aufhalten, wie sie manchmal dauert. Leiden – am Bösen und an den Ungerechtigkeiten in der Welt. Das ist mein größtes Leiden. Aber ich erkenne dabei auch, daß das Gute vielleicht gerade am Nichtguten wächst. Und es ist wirklich so: durch Leiden kommt man innerlich vorwärts.«

Der Blinde schwieg. Ich war mir nicht klar, ob er weiterreden würde. Ich spürte, daß er viel vom Leiden wußte, auch wenn er es nicht sagte.

»Die achte Stunde heißt: *Suchen.*« Sprach er jetzt zu sich selbst? »Wir suchen viel und lang in unserem Leben. Das Wort Sehnsucht, das auch von Suchen kommt, hat einen großen Raum in unserem Dasein. Ich denke, es weist bereits über diese sichtbare Welt hinaus.«

»Die neunte Stunde ist verwandt mit dem Suchen. Sie heißt: *Warten.* Ach ja, nicht warten können, bis etwas reif geworden ist, bis seine Stunde kommt! Wie oft verpfuscht man sein Glück damit, denn »Warten« hat mit Geduld zu tun. Geduld kann warten und hoffen und ist ein Teil unseres Glücks.«

Er erhob sich.

»Jetzt machen wir Schluß. Die letzten Stunden verstehst du wohl noch nicht recht!«

Er spürte meine enttäuschte innere Auflehnung, obwohl ich nichts sagte. Gutmütig fuhr er fort:

»Nun, die zehnte Stunde heißt: *Verzeihen.* Weißt du, es gab viel in meinem Leben, was ich mir selbst und anderen verzeihen mußte.

Es ist ein großer Sieg für den Menschen, wenn er verzeihen kann. Und das kleine Wort ›verzeih‹ ist ein großes Wort. Ich meine gar nicht nur das Verzeihen zwischen einzelnen, sondern auch zwischen Völkern, Rassen, Geschlechtern, Religionen, Armen und Reichen. Wir können weder im Kleinen noch im Großen entscheidend vorankommen, wenn wir einander nicht vergeben lernen.«

Er wandte sich zum Gehen.

»Wie heißt die elfte Stunde, Herr Schaad?«

»Mein kleiner Naseweis, davon verstehst du noch nichts. Die elfte Stunde heißt: *Verzichten*... »Zu Anfang ist es lauter Begehren«, sagte Goethe, »am Ende lauter Verzichten!« Ich denke aber, es ist auch etwas Großes und Schönes um einen aus freiem Willen geleisteten Verzicht. Und im Blick auf die rasant sich entwickelnde Technik und Forschung könnte »verzichten« wichtiger werden, als wir heute schon wissen.«

Wir waren inzwischen am Gartentor.

»Noch die letzte Stunde, bitte, Herr Schaad!«

»Nun? Rate: Sie heißt: *Beenden, Aufhören.* Daß »Aufhören« nicht leicht ist, weißt du selbst, etwa beim Spielen, Lesen, Essen oder Trinken. Aufhören mit unserem Gespräch. Diesen schönen Besuch bei euch beenden; den Tag beenden, und auch einmal das Leben beenden. Gleichzeitig fällt das Ende – du siehst es an meiner Uhr – wieder mit dem Anfang zusammen. Es ist ein großes Geheimnis um Anfang und Ende.«

Als wir ins Haus traten, sagte ich:

»Mir fehlt eine Stunde. Sie heißt: *Lachen.*«

»Ja, du hast recht. Daß ich daran nicht gedacht habe! Welche Stunde würdest du denn tauschen?«

»Keine, ich finde alle die genannten Stunden wichtig.«

»Was machen wir dann? Eine dreizehnte Stunde gibt

es nicht. Wir müssen also von jeder Stunde ein ganz klein wenig abzwacken für Humor und Lebensfreude. Siehst du, nun habe ich noch etwas ganz Wichtiges von dir gelernt.«

Im Wohnzimmer saßen die Mutter und Frau Walter noch in der Ecke. Ich war inzwischen mutig genug, Herrn Schaad zu bitten, am Klavier ein selbst komponiertes Lied vorzutragen. Er besann sich einen Augenblick, dann sagte er:
»Ich habe einen Text des Karlsruher Kunstmalers Hans Thoma im Kopf. Ich will es mal damit versuchen!« Ohne sich zu zieren, setzte er sich und begann, sich selbst begleitend, zu singen:

»Ich komm', weiß nit, woher,
ich bin und weiß nit, wer.
Ich lebe, weiß nicht, wie lang.
Ich sterbe und weiß nit, wann.
Ich fahr, weiß nit, wohin,
mich wundert's, daß ich fröhlich bin.«

Dann wechselte er die Tonart, mündete in eine choralartige Melodie und schloß:

»Weil mir mein Sein so unbekannt,
geb ich es ganz in Gottes Hand,
die führt es wohl, so her wie hin,
mich wundert's, daß ich traurig bin.

Hans Thoma

Anschließend durfte ich die beiden Gäste noch zum Kurtzenhof hinüberbegleiten. Ich hatte nun schon so viel Vertrauen gewonnen, daß ich Herrn Schaad zu fragen wagte:
»Sind Sie manchmal traurig, daß Sie blind sind?«
Er blieb stehen.
»Ja, manchmal bin ich schon traurig, obwohl ich mich an Dingen, die nicht zu ändern sind, kaum aufhalte. Aber gleichzeitig spüre ich immer wieder, daß den Sehenden viele Wahrnehmungen verlorengehen, etwa Gerüche, Geräusche, Gefühle. Sie sind so flüchtig und vermutlich vielen Zerstreuungen ausgesetzt, sie spüren das Unsichtbare nicht mehr. Sie nehmen auch alles selbstverständlich. Ich denke, daß ich mehr im Wesentlichen zu leben gezwungen bin, und das ist gut so.« Im Weitergehen setzte er das Gespräch fort.
»Vielleicht verstehe ich Licht und Farbe sogar tiefer, weil ich es entbehre. Aber siehst du, Gott wohnt nicht nur im Licht, er wohnt auch im Schatten. In der Verborgenheit des Mutterleibes, in den Wurzeln und Keimen der Erde, im Dunkel der Nächte und in der Finsternis des Todes.«
Wir gingen weiter, das Abendrot leuchtete durch die Bäume auf die goldgrünen Felder – er sah es nicht. Auf dem Kurtzenhof angekommen, verabschiedete ich mich.
»Wie schön, dich kennengelernt zu haben«, entgegnete er, und Frau Walter nickte liebenswürdig dazu.

Es war das letzte Mal, daß er »du« zu mir gesagt hat. Beim nächsten Wiedersehen ging ich bereits in die Tanzstunde, eine andere Zeit war gekommen. Doch jenes erste Gespräch im Garten unter der Linde war eine wirkliche Begegnung gewesen, und ihr innerer Schimmer verlosch nie mehr.

Im Dritten Reich

*So viel hast du erkannt,
als du erlitten hast.*

Franz von Assissi

Die sich rasch verbessernden Rundfunkgeräte ermöglichten es dem Blinden, an vielen kulturellen Ereignissen geistig teilzunehmen und auch die politischen Entwicklungen sorgfältig zu verfolgen. Er genoß die fortschreitenden Errungenschaften der Technik, ohne sich davon gefangennehmen zu lassen.
Den Emporkömmling Adolf Hitler nahm er zunächst nicht ernst. Noch im Januar 1933 veröffentlichten viele Linkszeitungen ein Spottgedicht von Reinhold, in welchem er das Gerücht von einer Heirat Hitlers mit Winifrid Wagner verulkte. Hier einige Zeilen daraus:

*Wagalaweia!
Sieg Heil und Hurra!
Das Wunder ist da!
Walhalla öffnet sich wieder,
ein Heldenpaar schwebet hernieder.*

*Bei uns in germanischen Landen
geht's erst, wenn der Geist kam abhanden!
Weiß Gott, was da Köpfe noch sollen!
Ach, Köpfe – wir lassen sie rollen!*

Wagalaweia!
So schaukeln wir schummrig hinüber:
Hojoto Ho!
Und geht es auch drunter und drüber
das ist uns ganz gleich:
Bald kommt ja das Reich,
das Dritte, das große,
entsprossen im Schoße
des heeresten Bundes – das Eden!
Heil Hitler! Und Heil Winifreden!

Daß ihm solche Gedichte nach der Machtergreifung Adolf Hitlers am 30. Januar 1933 nicht gut bekamen, entdeckte er bald.

Nichts blieb so, wie es gewesen war. Auch in seinem geliebten Karlsruhe vermehrte sich, der hohen Arbeitslosenquote wegen, der nationalsozialistische Bazillus. Reinholds Freunde spalteten sich in viele solche, die »dafür« und wenige andere, die »dagegen« waren. Obwohl im Grund zunächst alle Deutschen – mit einigem Recht – glaubten, es werde nun eine bessere Zeit kommen, ließ die Ermordung von Ernst Röhm (1934) die Hellhörigen aufschrecken. Konnte man denn einfach ohne juristisches Nachspiel ein paar Leute erschießen lassen, wenn sie einem nicht paßten? Fast täglich war Reinhold nun im Hause seines jüdischen Freundes, Dr. Cahn, der durch den Nationalsozialismus in große Bedrängnis geriet. Zuerst war Cahn noch recht zuversichtlich gewesen.
»Ich kann mir nicht vorstellen«, hatte er gesagt, »daß

meine Patienten mich im Stich lassen. Ich habe vielen hilfreich beistehen können. Das vergessen sie mir nicht. Und die Karlsruher sind ein freiheitlich gesinntes Völkchen, auch wenn sie jetzt mit fliegenden Fahnen zu Hitler hinüberwechseln. Sie werden sich so etwas nicht lange bieten lassen. Unter meinen Bekannten gibt es viele selbständig denkende Persönlichkeiten, daran muß Hitler eines Tages scheitern.«
Er sollte sich täuschen. Das Wartezimmer wurde leer. Die Hilfskräfte kündigten, weil sie unter politischen Druck gerieten. Eine ordinäre Hetzkampagne gegen die Juden begann, und sie fand viele Anhänger. Daß auch diese Entwicklung ihre Vorgeschichte hatte, erkannte Cahn bald.
»Wir haben kein Talent, uns beliebt zu machen«, seufzte er.

Es war Mitte der Dreißiger Jahre, als der Arzt den Freund eines Morgens in sein kaltes, leeres Sprechzimmer bat. Er senkte seine Stimme, denn er fühlte sich nirgends mehr sicher.
»Ich habe mich entschlossen, Deutschland zu verlassen, Schaad. Ich sehe keine andere Möglichkeit mehr. In diesen Tagen sind uns Juden alle bürgerlichen Ehrenrechte entzogen worden. Daß die Nazis einen Sündenbock brauchen, um von den entstehenden Agressionen abzulenken, ist mir klar. Es gehört zum Schicksal meines Volkes, gehaßt und verfolgt zu werden. Dieser Schatten bedeckt Gerechte und Ungerechte unter uns. Aber muß man deshalb unsere Menschenwürde zertreten und uns schlimmer behandeln als ein Stück Vieh?« Er wandte sich zum Fenster.

Dann fuhr er fort: »Meine Frau und ich – wir beide würden es vielleicht auf uns nehmen, denn der Spuk kann nicht allzu lange dauern. In meinem Volk rechnet man nicht nach Jahrzehnten. Aber nun sind meine Kinder aus den Schulen entlassen worden. Ich habe kein Recht, ihnen ihre Zukunft auf dieser Erde zu verbauen.«
Reinhold atmete schwer.
»Was ist nur in die Menschen gefahren? Man könnte an Dämonen glauben!«
Der Doktor flüsterte nur noch.
»Manchmal denke ich, ob es ihnen um den *Gott* der Juden geht? Wollen sie ihn herausfordern? Es sind *geistige Mächte,* die im Letzten unsere Welt bestimmen.«
»Der Gott der Juden ist auch der Gott der Christen, Doktor!«
»Gewiß! Nur sind die Christen hierzulande bis jetzt noch zu groß an der Zahl. Deutliche Anfänge im Blick auf die Kirchen sehen wir bereits: Austritte sind verbreitet und modern. Leute, die ihr Leben unter eine andere Autorität stellen als diejenige Adolf Hitlers, sind unbequem. Aber solch eine Hybris ist zum Scheitern verurteilt. Das lehrt mich die alte Geschichte meines Volkes.«
»Wie denken Ihre Bekannten über eine Emigration?«
»Mein Freund Martin Buber aus Heppenheim will zunächst bleiben; er scheint bis jetzt geschützter zu sein als ich. Dr. Ginsberg in Berlin bildet sich immer noch ein, man könnte mit den Machthabern wie mit vernünftigen Leuten reden. Direktor Frank* ist schon

---

*) Dr. Otto Frank, Vater von Anne Frank.

Ende 1933 nach Holland ausgewandert und ist jetzt Direktor der Travis AG in Amsterdam. Es soll der Familie inzwischen gut gehen.«
»Wollen Sie auch nach Holland, Doktor? Oder lieber in die Schweiz?«
»Ich glaube nicht, Schaad. Nachbarländer sind immer problematisch, außerdem werden sie bald mit Asylsuchenden überflutet sein, wenn es so weitergeht. Ich denke eher an die USA. Es ist ein großes Land und sehr tolerant.«
»Emigration – ist das nicht wie ein Sturz ins Bodenlose?«
»So ist es. Meine Wurzeln sind in Deutschland.«
»Wenn Sie fortgehen, Cahn, dann mag ich auch nicht mehr hier sein.«
»Ich weiß. Deshalb sollten Sie nachkommen, sobald wir drüben eine Bleibe haben. Auch Ihnen wird die Luft ausgehen. Ihre Frauen kommen ohne Sie durch. Und ewig dauert das tausendjährige Reich gewiß nicht, dann können Sie wieder zurück.«
»Aber die Amerikaner sind mir so fremd. Sie haben keine Kultur und...«
»Das sind Vorurteile, Schaad, die Ihnen nicht gut anstehen. Man kann nie von *den* Amerikanern, *den* Deutschen, *den* Juden sprechen. Ich vermute, nicht einmal von *den* Nazis. Es wäre eine unzulässige Vereinfachung.«
Die zwei Freunde schwiegen lange. Reinhold ließ die Vorstellung von einer Auswanderung an sich vorüberziehen. Er war nun über fünfzig Jahre alt, konnte kein Englisch und müßte sich von den Frauen trennen. Vor allem aber – womit sollte er sein Leben fristen? Es war

notvoll, von anderer Leute Barmherzigkeit abhängig zu sein.

»Wir werden also eines Tages plötzlich nicht mehr da sein«, fuhr der Arzt fort. »Man macht es am besten heimlich. Das Abschiednehmen fällt mir bitter schwer, Schaad. Gott segne Sie...«

Als Reinhold das Arzthaus verließ und im Begriff war, sich seinen Heimweg zu ertasten, hörte er Schritte von harten Stiefeln hinter sich. An der nächsten Straßenecke faßte ihn eine energische Hand am Arm.

»Heil Hitler! Sie kommen aus dem Haus des Juden Cahn«, schrie eine barsche Männerstimme. »Sie sind der Volksgenosse Schaad, wir beobachten Sie schon lange. Wissen Sie nicht, daß Kontakte mit Juden verboten sind?«

Reinhold brauste auf.

»Ich lasse mir doch den Umgang mit meinen Freunden nicht verbieten!«

»Umso schlimmer, wenn solche Leute auch noch Ihre Freunde sind! Ich warne Sie. Glauben Sie nur nicht, Sie könnten sich alles erlauben, weil wir Mitleid mit Ihnen haben.«

Reinhold versuchte es mit Humor.

»Wenigstens möchte ich mich erkühnen, nachdem Sie *mich* kennen, zu fragen, wer *Sie* sind!«

Es stellte sich heraus, daß es ein SA-Mann aus seiner Nachbarschaft war, ein im Grunde gutmütiger Mann. Er lenkte auch bald ein.

»Ich bringe Sie noch nach Hause. Ich kenne Ihre Wohnung. Wenn Sie mit dem Juden Cahn befreundet sind, dann wissen Sie vielleicht noch gar nicht, daß die Juden an allem Unglück der Welt schuld sind.«

»Soso? Und folglich meinen Sie, daß alles Unglück der Welt durch die Ausrottung der Juden beseitigt werden könnte?«
»Jawohl! Die Juden sind ganz schwierige Kerle.«
Reinhold lachte.
»Da könnten Sie recht haben. Mit einem solch begabten Volk wird man so leicht nicht fertig. Und jeder von uns beiden denkt jetzt vom anderen, er sei bekloppt.«
»Denken Sie, was Sie wollen!« rief der Parteigenosse verärgert. »Aber ich warne Sie. Wir machen nämlich kurzen Prozeß!«
Diesem Wort konnte Reinhold in der Tat nicht widersprechen. So schwieg er und ließ sich nach Hause führen. Er dachte an einen Karlsruher Bekannten aus seiner sozialistischen Phase, den jüdischen Rechtsanwalt und Reichstagsabgeordneten Ludwig Marum. Den hatten sie auch geholt, sehr früh sogar. Jetzt hatte man heimlich erfahren, daß er in der Haft umgekommen war. Nein, es war nicht zu spaßen mit diesen Brüdern. Auch wenn Reinhold sich nach außen heiter und gelassen gab, so hatte die Drohung ihre Wirkung doch nicht verfehlt. Längere Zeit ging er nicht mehr aus, weil er sich beobachtet fühlte. Und eines Tages erzählten sich einige Leute aus der Stefanienstraße mit vorgehaltener Hand, die Familie Cahn sei in der Nacht abgereist. Niemand wußte, wohin.

Tot und leer erschien dem Zurückgebliebenen nun die vertraute Stadt. Immer stiller wurde es um ihn. War es gefährlich, ihn zu besuchen? Wenn er sich um Arbeit bemühte, spürte er deutlich eine gewisse Zu-

rückhaltung. Ja, die Leute wußten Bescheid über seine Gesinnung. Je mehr er aber über die Entwicklung der letzten Monate nachdachte, desto klarer wurde ihm, daß er nicht schweigen dürfe angesichts so viel himmelschreienden Unrechts an jüdischen Familien. Würde man eines Tages auch Rechenschaft ablegen müssen über Worte, die man hätte sagen müssen und *nicht* gesagt hatte? Es war gefährlich. Aber war Schweigen zu solchen Machenschaften nicht noch viel gefährlicher? Schlitterte nicht auf diese Weise das ganze Volk in den Abgrund?
»Man darf die Menschen doch nicht einfach schlafen lassen!« Wie oft hat er das gesagt...

Er verfaßte eine kleine Schrift, in welcher er, zwar verfremdet, aber sachlich, u.a. den Fall Cahn darstellte. Natürlich konnten die Blätter nicht gedruckt werden. Aber sie gingen von Hand zu Hand. Man wußte, in welche Häuser man sie geben konnte. Auch in meinem Elternhaus tauchte die Broschüre auf. Ich erinnere mich noch, daß ein Herr Braun darin vorkam, der Schritt für Schritt in nationalsozialistische Verstrickung geriet und zum Verräter an jüdischen Familien wurde.
Ich war damals zu jung, um irgendetwas richtig zu verstehen, auch kannte ich kaum jüdische Menschen.
»Allen Respekt vor Herrn Schaads Zivilcourage«, höre ich heute noch meine Mutter sagen. Die Schrift ist längst vernichtet, aber sicher hat sie manchen, der nicht genügend Bescheid wußte, nachdenklich gemacht.

Eines Abends, nachdem Marie und Luise bereits zu Bett gegangen waren, klopfte es sehr spät noch zaghaft an Reinholds Tür. Eine ihm der Stimme nach bekannte Frau aus dem gegenüberliegenden Haus schlüpfte unhörbar durch den nur wenig geöffneten Spalt.

»Verraten Sie mich um Gottes willen nicht, Herr Schaad«, flüsterte sie aufgeregt. »Meine Freundin vom Erdgeschoß hat mich eingelassen, sie hat ja Ihren Wohnungsschlüssel. Es darf uns niemand hören. Bei mir daheim sitzen ein paar Männer von der Geheimen Staatspolizei. Mein Mann ist doch auch so ein Hundertfünfzigprozentiger! Ich hab' mitgekriegt, daß Sie in den nächsten Tagen ins KZ kommen sollen. Ich hab' denen dann Wein aus dem Keller geholt, nun sind sie blau, und ich konnte rasch weg. Von »lebensunwertem Leben« haben sie gesprochen, weil Sie doch blind sind.«

»Lebensunwertes Leben – was ist denn das nun wieder? Wird hier Menschenzüchtung vorbereitet? Haben diese Leute denn gar keine Hemmungen mehr?«

»Keine. Womöglich werden Sie schon nächste Nacht aus dem Bett gezerrt und fortgebracht.« Die Frau begann leise zu weinen. »Schlimm, was ich mitmache mit den rabiaten Mannsbildern! Die ahnen wirklich nicht, was sie tun! Ich weiß nur einen Ausweg«, fuhr sie nach einer Weile, ruhiger geworden, flüsternd fort. »Sie müssen in die Partei eintreten, und zwar gleich morgen. Mein Mann ist morgen nachmittag zu Hause, kommen Sie. Ich melde Sie an. Übermorgen könnte es schon zu spät sein.«

Reinhold faßte sich an die Stirn.

»Sind wir denn in einem Narrenhaus? Ich – und in die Partei eintreten! Lebensunwertes Leben! Die nehmen mich ja gar nicht auf!«

Die Frau kicherte in sich hinein.

»Die nehmen jeden, wenn er arisch ist. Und jetzt gehe ich. Aber ich beschwöre Sie – tun Sie was!«

Die Tür fiel fast unhörbar ins Schloß. Wie gelähmt blieb der einsame Mann zurück. Kein Zweifel, sie würden ernst machen! Amerika! Dr. Cahn hatte nur kurz geschrieben in der berechtigten Annahme, daß alle Briefe zensiert würden. Reinhold hatte die Adresse bereits im Kopf. Aber ach, solche Fluchtgedanken waren sinnlos. Marie würde nicht mitgehen, und allein brachte er die plötzliche Abreise nicht zustande. Tiefe Erschöpfung überfiel ihn. Die Situation war hoffnungslos. Das KZ würde er nicht überleben, dafür war er als Künstler viel zu wenig an Strapazen und Entbehrung gewöhnt. Ach, es hatte doch alles keinen Sinn mehr. Warum denn nicht gleich... War er zu feige zum Schlußmachen? Nichts mehr denken, nur sofort handeln!

Über diese Nacht der Verzweiflung schreibt er einmal selbst:

Feigling, höhnte es in mir. Mach doch ein Ende! Wie lange willst du unter dem Joch solcher Lügen leben? Ich ging zum Fenster, meine Knie zitterten. Den heißen Kopf hatte ich ans kühle Glas gelegt. Mit vor Aufregung feuchten Händen hielt ich das Fensterkreuz umklammert und horchte in die Nacht hinaus. KZ. Wie harte Eisenkugeln rollten diese Buchstaben in meinem leeren Schädel hin und her. Wie von selbst fand sich eine dicke Schnur. Ich kletterte zum Fenster hinauf und tastete nach dem Fensterkreuz. Wie von selbst erklangen in mir die sonntäglichen Glocken meines Heimatdorfes am Rande des Schwarzwaldes, die Orgel brauste, der Dorfbrunnen plätscherte, die Sonne übergoß mit überirdischer Wärme den Kirchplatz. Es roch nach Reisigfeuer und Kuhstall. Männer, Frauen und Kinder zogen vorüber, und meine Mutter kam mir lächelnd mit dem Gesangbuch in der Hand entgegen. Wie von selbst löste sich jetzt Angela aus den Reihen der jungen Frauen, schwebte leicht auf mich zu und umfing mich. Da merkte ich, daß ich, einer Ohnmacht nahe, das harte Fensterkreuz in der Hand hielt.

»Und alsbald krähte der Hahn...« (Matth. 26, 74) Es war kein Hahn, den Reinhold hörte, sondern das lang anhaltende Miauen einer Katze von irgendeinem Dach. Aber für ihn verwandelte es sich unversehens in die Töne der ihm wohlbekannten Bachschen Matthäuspassion: »Und Petrus ging hinaus und weinte bitterlich.«

So hielt er denn das Kreuz, bis die Spannung in der verkrampften Hand nachließ. Und wußte wieder: Abgrund der Welt – gehalten vom Kreuz. Auch jener, den sie den Menschensohn genannt hatten, war vom Bösen nicht verschont worden.

Er tastete sich zurück zum Schreibtisch und sank auf den davorstehenden Stuhl. Sein unhörbares Selbstgespräch war nun wie ein Gebet. So etwas hatte er lange nicht versucht:

»Vergib mir, Herr allen Lebens, daß ich dich verrate, weil ich nicht zum Märtyrer geschaffen bin. Vielleicht wäre es richtiger, ich würde all das Unrecht um mich herum mit dem Leben bezahlen. Aber ich kann nicht. Ich bin feige. Ich weiß nicht einmal, ob es sich lohnt, für solche Niederträchtigkeiten zu sterben. Das mächtige Welttheater, das hier gespielt wird, kommt mir auf einmal so lächerlich vor. Ich weiß, daß es nicht lächerlich ist und daß viele ihr Blut dafür geben. Bin ich schon zu alt für solch heroische Entschlüsse? Opfer bringen ist nötig, aber man muß stark genug sein. Ich bin nicht stark. Ich gebe mich geschlagen und bewundere alle, die aufrichtiger sind als ich.«

An anderer Stelle schreibt Reinhold im Blick auf dieses Geschehen:
Nicht umsonst heißt es im Vaterunser:
...und vergib uns unsere Schuld und führe uns
nicht in Versuchung.
Das bedeutet im Grunde nichts anderes, als:
Lieber Gott, zeige mir nicht, wer ich bin!

Am anderen Morgen, beim Frühstück, blickte Marie besorgt zu Reinhold hinüber.
»Du siehst übernächtigt aus. Hast du nicht gut geschlafen?«
»Wie man's nimmt«, erwiderte er. »Ich bin im Begriff, etwas zu tun, was ich mir eigentlich vor mir selbst nicht gefallen lassen kann: Ich will heute in die nationalsozialistische Partei eintreten.«
Sie nickte freundlich.
»Das ist gut. Du wärst sowieso nicht drumherumgekommen, weil sie dir sonst deine Rente streichen. Denk nicht so viel! Der Führer macht's schon recht. Das mit Dr. Cahn hat er nicht wissen können, und er

wird solche Dinge abstellen, sobald er davon erfährt!«
O unschuldsvoller Engel du, dachte Reinhold und steckte sich, gegen seine Gewohnheit, schon morgens nach dem Frühstück eine Zigarre an. Nein, mit Marie konnte er über das Dritte Reich nicht reden. Sie himmelte den Führer an wie einen Halbgott.

Am Nachmittag übte er nochmals seinen Namenszug in einem Schreibheft.
Dann machte er sich mit Marie auf den Weg, um seinen Eintritt in die Partei zu erklären. Als er wieder zuhause war, verging er fast vor Scham und Traurigkeit. Wie vielen Zeitgenossen mochte es genau so ergehen wie ihm! Er dachte an die Familienväter und die vielen vom Staat Abhängigen.
Und auch an diejenigen, deren Augen, trotz guter Sehkraft, verblendet waren. Er dachte an die Jugendlichen, mit deren edelsten Gefühlen Mißbrauch getrieben wurde. Irgendwie wußte er sich ihnen jetzt näher als zuvor. Er war nicht besser als sie.

Innere Emigration

> *Anderer Weg*
> *hat Rastplätze*
> *in der Sonne.*
> *Aber dies ist der deine,*
> *und es gilt jetzt.*
> *Jetzt darfst du nicht*
> *versagen.*
>
> Dag Hamarskjöld

Man könnte das Leben, das Reinhold in den nächsten Jahren zu bestehen hatte, als eine Art »innere Emigration« bezeichnen. Zwar verhalf ihm sein Parteiabzeichen zu manchem Verdienst bei den veschiedenen Blindenvereinigungen, aber bei seiner recht ausgeprägten Eigenwilligkeit ging es nicht immer friedlich zu. Sodann komponierte er diese oder jene kurzlebige Gebrauchsmusik. Aber er war sich darüber klar, daß er von der Partei nicht aus den Augen gelassen wurde. Immer wieder einmal wurde er auf der Straße angehalten und nach seinem Parteiabzeichen gefragt. Er trug es ständig unter dem Revers seines Anzuges. Jedesmal wurde es ihm dann nach vorne gut sichtbar umgesteckt.
So war es wohl den Juden zumute, wenn sie ihren Stern tragen mußten. Er schämte sich.
Unter dem Pseudonym »Karl Jedermann« schrieb er unpolitische, volkstümliche Geschichten. Sie wurden von einer breiten Leserschaft gerne wahrgenommen.

Hier soll lediglich ein Abschnitt angeführt werden, worin er über sein Blindsein sehr offen berichtet:

Nachdem ich eines Tages verstanden hatte, daß das Blindsein unwiderruflich war (es hat lange gebraucht), war ich überrascht, nicht noch unglücklicher zu sein. Nach wie vor stand die Umwelt, die ich einmal in mich aufgenommen hatte, lebendig vor meiner Seele. Was mich dagegen immer wieder neu zur Verzweiflung bringt, ist die bis ins Körperliche gehende Abhängikgeit von anderen. Das Schlimmste von allem ist die manchmal einfach nicht zu vermeidende Untätigkeit, die allem Grübeln und Spintisieren Tür und Tor öffnet, während andere fast ertrinken vor lauter Arbeit. Was bei mir verschärfend hinzukommt, ist mein Stolz und meine Eitelkeit. Dabei quälte mich lange Zeit ein Bild, das ich als Kind einmal gesehen hatte. Fünf oder sechs Blinde gingen mit ihrem Führhund spazieren, mit ungelösten, eckigen Bewegungen, zurückgelegtem Kopf und stockfuchtelnd, als ob sie Streit hätten.*
Seither denke ich oft, daß wir Blinden im Verkehr mit Sehenden nicht nur Takt verlangen, sondern auch üben müssen. Sehen ist nunmal kein Charakterfehler. Und der gesunde Mensch ist eben so, daß ihn zu viel Unglück stumpf macht, vielleicht muß er sich seelisch schützen.
»Kannst du dir vorstellen, wie du manchmal aussiehst?« flüsterte es anfangs in mir. »Zugenähte Augen, tappiger Gang, ungeschickte Bewegungen, immer daneben, immer nach der falschen Richtung, sicher sehr komisch und zum Lachen.« Gar manchmal habe ich die innere Demütigung nicht ertragen und mich wie ein Rasender benommen: Porzellan

---

*) Dieter Brueghel d. Ä. »Die Blinden« (1568)

zerschlagen, Blumen aus den Töpfen gerissen, meine Kleider zerfetzt. Ich will auch nicht verbergen, daß ab und zu der Alkohol eine Gefahr für mich hätte werden können. Es war gut, daß ich immer viel Freude am Lesen hatte. Ich erobere mir meine Bücher zwar langsamer, dafür aber um so gründlicher. Dadurch werde ich vor dem oberflächlichen Vielllesen bewahrt und habe für schlechte oder mittelmäßige Literatur keine Zeit.

Manchmal fuhr er mit Marie nach Frankfurt und setzte sich in ein Orgelkonzert des blinden Organisten Helmut Walcha in der dortigen Friedenskirche. Neidlos anerkannte er das beruflich erfüllte Leben des Leidensgenossen. Auch befaßte er sich in jenen Jahren besonders mit dem Studium des Alten Testamentes, weil es von den Nazis als »Judenbuch« abgeschafft werden sollte. Er war tief beeindruckt von der Weisheit und Gotteserkenntnis in den alten Berichten. Vor allem lernte er Teile aus den Psalmen lieben.
Dazwischen war er gerade in der zweiten Hälfte der Dreißiger Jahre immer einmal für einige Wochen auf dem Kurtzenhof. Dann gehörte es zu seinen Gewohnheiten, seinen Nachmittagsspaziergang mit Frau Walter zu uns nach Hohebuch zu machen. Mein Vater war beruflich hart eingespannt, aber meine Mutter nahm sich trotz einer Überfülle an Arbeit gerne Zeit. Die beiden Gäste fühlten sich ausgesprochen wohl in ihrer Nähe. Ich empfand die Mutter nach solchen Stunden des Gesprächs wesentlich ausgeglichener und zuversichtlicher. Sie hatte rückhaltlos ihre politische Meinung, ja auch ihre Zukunftsangst äußern dürfen, was in jenen Jahren kostbar war.

»Ich bin wie erlöst«, sagte sie einmal nach solch einem Nachmittag.
Bald sollte sich die Verbindung zu unserem Haus noch vertiefen. Beim Ausbruch des Zweiten Weltkrieges (1939) wurden nämlich die älteren und behinderten Karlsruher in unsere Gegend evakuiert. Reinhold weilte deshalb längere Zeit auf dem Kurtzenhof und besuchte uns oft.
Wer den Beginn des Zweiten Weltkrieges erlebt hat, denkt nicht gerne daran zurück.
»Will sich die Rasse ›Homo sapiens‹ selbst ausrotten?« fragte Reinhold meine Mutter.
Unter den Älteren verbreiteten sich Ernst und Depression, der Erste Weltkrieg war ihnen noch zu nah. Wir Jungen – ich ging das letzte Jahr zur Schule – empörten uns gegen so viel Sinnlosigkeit im gegenseitigen Völkermord, den wir uns anfangs allerdings nicht vorstellen konnten. Plötzlich war jeder Gedanke an die Zukunft blockiert. Die Stellungsbefehle für die jungen Männer flogen in die Häuser.
Wie sehr ist Reinhold Schaad in jenen Wochen meiner Mutter beigestanden! Sie hatte vier Söhne, und ihre Ahnung, daß sie mit der Zeit alle zu den Waffen gerufen werden würden, trog sie nicht.
»Wie geht es Ihren Soldatensöhnen?« war stets das erste, was Reinhold fragte.
Der Blinde und meine Mutter wuchsen in jenem ersten Kriegsjahr auf eine ganz eigene Weise zusammen. Die Rückkehr nach Karlsruhe war zwar bald wieder möglich, weil die Franzosen nicht über den Rhein gekommen waren, aber wir blieben immer irgendwie in Verbindung mit »Familie« Schaad.

Als Reinhold sich anläßlich eines Besuches im Spätsommer 1940 von meiner Mutter verabschiedete, war er merkwürdig bewegt. Er ging mit mir voraus bis ans Hoftor und lauschte dem aufgeregten Schwalbengezwitscher auf den Telefondrähten.
»Die Zugvögel sind bereit!« meinte er mit ernstem Gesicht.
»Mir war, als wisse ich, daß ich Ihre Mutter nie mehr sehen würde«, sagte er später zu mir.

Wenige Wochen darauf starb meine Mutter recht plötzlich an einer Blutvergiftung. Die Traurigkeit, mit der Reinhold Schaad danach unser Haus betrat, werde ich nie vergessen.
»Wo ist jetzt die Sonne?« fragte er. Wir scharten uns um ihn wie um jemand, der in seinem Mitempfinden nun sehr nahe zu uns gehörte. Vor allem meinem Vater tat es wohl, so viel wirkliche, verstehende Teilnahme zu finden.
Wir Jungen, Verwaisten, baten Herrn Schaad, uns doch einige noch erhaltene, nette Jugendgedichte meiner Mutter zu vertonen. Wir wollten unserem Vater damit eine Weihnachtsfreude machen. Gerne war er dazu bereit. Ludwig Egler schrieb die in Musik gesetzten Gebete und Lieder kunstvoll ab und verzierte sie mit bunten Zeichnungen. Es waren sehr schöne Melodien mit Klavierbegleitung, in einem Schwierigkeitsgrad, den wir bewältigen konnten. Wir haben während der Kriegsjahre die Lieder oft gesungen, und es war uns dabei, als wäre die Mutter unter uns.

»Man kann den Kummer sich vom Herzen singen«, sagte mein Vater immer wieder.

Einmal rückte Reinhold Schaad sogar mit einem kleinen Chor aus Karlsruhe an, der die vierstimmigen Lieder so herrlich sang, daß daraus ein Kirchenkonzert in der uns zugehörigen Waldenburger Kirche wurde. Es fand ein starkes Echo, denn man war in jenen Kriegsjahren für solche Musik besonders dankbar. Es waren außer Reinhold noch zwei andere Blinde dabei, neben dem jungen, von Geburt an blinden Kantor von St. Elisabeth in Karlsruhe, Walter Schwan, die blinde Altistin Gustl Schön, die eine wunderbare Stimme hatte. Sie machte auch sonst ihrem Namen alle Ehre, ihr frisches, harmonisches Gesicht und die ruhige Wärme ihres Wesens prägten sich mir ein. Da Frau Walter nicht mitgekommen war, fiel mir die erquickende Freundschaft zwischen ihr und Reinhold angenehm auf. Gustl erzählte, sie hätte Reinhold schon in ihrer Mädchenzeit kennengelernt.

Erst nach Reinholds Tod fand ich unter dem unvollständigen Nachlaß, den mir Marie Walter anvertraut hatte, einige auf gutem Vorkriegspapier beschriebene Punktschriftseiten ohne Absender und Datum. Ich bat meinen Onkel Albrecht Kurtz, sie mir zu »übersetzen«. Welch ergreifender Brief löste sich aus den Punkten heraus! Es tauchte die junge Gustl Schön mit ihrer zauberhaften Ausstrahlung vor mir auf. Hier einige Zeilen daraus:

Liebster: Deinem Vorschlag, uns noch einmal zu einer Aussprache zu treffen, kann ich nicht folgen. Ich bin ganz einfach nicht stark genug dazu, deinen Händedruck zu spüren, deine Nähe zu fühlen und deine Stimme zu hören. Du möchtest, daß wir einmal heiraten, mit dem Hinweis, daß geteiltes Leid halbes Leid sei. Aber trifft das in unserem Fall wirklich zu? Ein Blinder und noch einmal ein Blinder, das gibt nun einmal zwei Blinde. Wenn es auch im ersten Augenblick sein mag, als ob gerade wir beide durch unser gemeinsames Schicksal besonders gut zueinander passen würden, so ist doch das Gegenteil der Fall. Keiner von uns kommt auf die Dauer ohne die Hilfe eines Sehenden aus. Werden nun diese Hemmungen verdoppelt, so ist von Anfang an sehr viel Lähmendes vorhanden. Das kann auch durch Geld, selbst durch viel Geld – du weißt, daß meine Eltern vermögend sind – nicht ausgeglichen werden. Von außen, von unseren Mitmenschen, können wir kaum eine entscheidende Hilfe erwarten. Wahrscheinlich wäre ihr Befremden über unsere Ehe größer als ihre Hilfsbereitschaft.

Das alles spielt aber nur eine untergeordnete Rolle bei meinem Verzicht auf ein Glück, nach dem meine Seele sich unendlich sehnt. Um dieses Glückes willen könnte ich jede Entbehrung freudig auf mich nehmen. Aber es geht um Dich. Eines tätigen Mannes Liebe zu einer Frau, die ihn durch ihre Behinderung so sehr belastet, würde eines Tages eben doch erkalten. Das Glück besteht ja nicht in erster Linie darin, daß man geliebt wird, sondern vor allem, daß man liebt. Wer mehr Liebe hat, ist immer der Reichere... Und Du würdest auf einmal an Liebe verarmen.

Wenn ich mein bisheriges junges Leben überdenke, so darf ich sagen, daß ich von meinen Eltern stets geliebt wurde. Aber eben so, wie man Tiere oder Blumen liebt. Man sagte mir

auch, ich sei hübsch, das scheint für die Sehenden wichtig zu sein. Aber im Grunde hielt man mich für eine Nonne oder eine geborene Heilige. Wir sind ja für den normalen Mann tabu. Ich fühlte mich in meine Blindheit eingeschlossen und von der Gesellschaft ausgeschlossen. – Das wurde schlagartig anders, als Du in mein Leben tratest. Im Händedruck, den wir uns nach einem ersten Gespräch gaben, lag das Glück des vergangenen Jahres. Du verließest nach dieser Begegnung einen völlig anderen Menschen. Ich fühlte, daß die Sonne schien, daß die Amsel im Garten sang, ich roch den säuerlichen Geruch des Holzes am Fensterbrett. Ich lebte! Und nun ist es soweit gekommen, daß Du mich um meine Hand bittest. Verzeih, daß ich es soweit kommen ließ.
Aber Du verstehst, daß es für mich nicht leicht war, auf ein Glück zu verzichten, das mir so unerwartet zuteil wurde. Ich muß hinzufügen, daß ich von Geburt an blind bin, während Du durch einen Unfall Deine Augen verlorst. Natürlich war ich im Blick auf Ehe und Mutterschaft bei einem Arzt. Er sagte: »Tun Sie den Sprung in den Abgrund nicht! Bei Ihrem überaus zarten Gewissen würden Sie so viele Belastungen kaum ertragen. Machen Sie beide einander das Leben nicht noch schwerer, als es ohnehin ist. Es gibt genug Frauen, die ehelos und kinderlos sind, aber durchaus nicht unglücklich.« Morgen werde ich von hier wegziehen, um mein Gesangsstudium zu beginnen. Sorge Dich nicht um mich, ich habe Tapferkeit gelernt. Aber hab nochmals Dank für das Jahr des Glücks, das Du mir geschenkt hast. Fürchte nicht, daß ich Dummheiten mache. Vielleicht gelingt es uns, in späteren Jahren eine gute, bereichernde Freundschaft zu pflegen. Meine Segenswünsche begleiten Dich. Und noch eins – schreibe mir nicht. Ich werde dennoch in der Erinnerung glücklich und dankbar sein.

Gustl Schön hat den Freund um Jahrzehnte überlebt, sie starb erst in den neunziger Jahren. Wer ihre ausdrucksvolle Stimme hörte, wird sie nie vergessen. Soviel ich erfuhr, stand sie in reiferen Jahren nochmals vor demselben Problem. Sie hat nach vielen Kämpfen verzichtet. Etwas von diesen Erfahrungen mag wohl bei der Darstellung ihres Gesanges mitgeschwungen haben. Jemand hat mir einmal gesagt:
»Gustl Schöns Stimme war ein Wunder.«

Die Messe

> *Die Menschen wollen das Leben enträtseln. Mir aber macht erst das Geheimnis das Leben schön und liebenswert.*
>
> Alfred Kubin (1877–1959)

Dem jungen Kantor Walter Schwan gelang es, Reinhold zum Mitsingen im Chor von St. Elisabeth zu gewinnen. Dadurch lernte dieser den hochbegabten jungen Kaplan Clemens Weis kennen, dem jede konfessionelle Enge fremd war. Reinhold, der Protestant, war damit in einen Kreis geistig sehr lebendiger Katholiken aufgenommen. Alle diese Menschen waren durch die Entwicklung im Dritten Reich in ihrer Lebensentfaltung etwas gehemmt und beschäftigten sich deshalb mitten im Krieg mit den ihnen noch verbliebenen musischen Möglichkeiten. Besonders hilfreich wurde die muntere und fleißige Musiklehrerin Lina Fertig, die mit ihrer wunderschönen Schrift Reinholds Kompositionen in lesbare Noten übertrug. Am beeindruckendsten aber war die Gestalt des Seelsorgers von St. Elisabeth, des Pfarrers Hermann Jung. Trotz asketischer Wesenszüge ging so viel natürliche Güte und innere Sicherheit von ihm aus, daß selbst dem hartgesottensten Atheisten Zweifel an seinem Unglauben kommen mußten.

Eines Abends stieg Walter Schwan die Treppen zum Dachgeschoß in der Erbprinzenstraße empor, um Reinhold Schaad aufzusuchen. Er wollte dem älteren Freund seinen Plan mitteilen, den er im Blick auf den verehrten Pfarrer Jung schon längere Zeit mit sich herumtrug.

»Nicht wahr, Herr Schaad«, begann er, »Sie schätzen unseren Herrn Jung genau so wie wir alle! Im nächsten Jahr (1942) feiert er sein dreißigjähriges Priesterjubiläum. Und da möchten wir ihm eine besondere Freude machen.«

»Herr Jung? Jawohl, ein prachtvoller Mann! Kann ich etwas für ihn tun? Soll ich einen kleinen Choral für ihn komponieren?«

»Nein, ich möchte etwas anderes. Wir wollen zu seinen Ehren eine Messe aufführen. Das ist insofern schwierig, als unser Chor durch die Kriegseinflüsse sehr bescheiden besetzt ist. Wir haben nur wenige Männerstimmen und können im Augenblick keine anspruchsvollen Werke singen. Und da Sie die Gabe haben, einfach und volksnah zu komponieren, dachte ich...«

»Sie dachten doch um Himmels willen nicht, daß ich eine Messe für Sie schreiben soll?«

»Doch, genau das! Und mitsingen müssen Sie auch. Ihr tragender Baß stützt den ganzen Chor.«

Reinhold schüttelte den Kopf.

»Ich bin Protestant! Für ein Priesterjubiläum eine Messe schreiben? Herr Jung würde so etwas gar nicht dulden. Er ist ein redlicher Katholik. Bin ich nicht ein Ketzer für ihn?«

»Sie können ganz beruhigt sein, das habe ich schon geklärt.«

»Wenn aber dauernd Maria angesungen werden soll, dann muß ich mich überwinden. Nichts gegen Maria – aber wir Protestanten tun uns einfach schwer mit der katholischen Auffassung der Mutter Gottes.«
»Nur im Credo wird ihr Name erwähnt. Ich denke, wenn Sie die einzelnen Teile der Messe erst kennengelernt haben, werden Sie sich an dem geistlichen Gehalt dieser Gottesdienstform geradezu begeistern.«
Walter Schwan legte den lateinischen Blindenschrifttext samt deutscher Übersetzung auf den Tisch.
Reinhold schmunzelte.
»Ob ich so viel Latein zusammenbringe? Überhaupt – so was Großes habe ich noch nie komponiert.«
Zunächst war er eher belustigt über Schwans Vorschlag. Dabei entstanden in seinem Hinterkopf bereits Bruchstücke neuer Melodien. Wie sehr sehnte er sich nach sinnvoller, schöpferischer Arbeit!
»Das Latein ist nicht schwer«, schloß Walter Schwan. »Und wenn Sie die herrliche Singbarkeit dieser Sprache einmal erfaßt haben, wollen Sie womöglich gar nicht mehr anders komponieren. Sie haben genügend Zeit bis nächstes Jahr. Und nun – viel Glück! Lassen sie mich an Ihrem Schaffen teilhaben!«

Während Reinhold in den nächsten Monaten eifrig mit der musikalischen Gestaltung der Messe beschäftigt war, dacht er daran, daß zur gleichen Zeit draußen überall im kampferfüllten Europa die Soldaten fast aller Nationen gegeneinander Krieg führten. Im Inland standen die Hausfrauen nach sich verknappenden Lebensmitteln an. Man schrieb den harten Winter 1941/42. Die Gleichzeitigkeit der Dinge beschäftigte ihn oft: eisige Winterkälte in den Schützengräben Rußlands und zur selben Zeit blühender, sorgloser Sommer unter den Palmen südlicher Länder! Junge Liebespaare bei Sonnenuntergang am Strand eines silberglänzenden Meeres und zur gleichen Minute weinende Frauen und Mütter in stillen Kammern, wenn sie um ihre Gefallenen trauerten. Hier zündende Bomben, Schmerzen, Krankheit und Heimweh – und dort: spielende Kinder in einem bunten Bauerngarten. Und er, Reinhold, saß in seinem immer noch erträglich warmen Dachatelier und durfte mitten im Krieg eine Messe komponieren, während ein paar Straßen weiter vielleicht ein Betrunkener seine Frau blutig schlug. Waren es am Ende genau diese beiden gegensätzlichen Seiten des schrecklichen und zugleich wunderbaren Lebens, welche die Welt im Gleichgewicht hielten? Ach, dachte Reinhold weiter, was wir hier als gebrochene Schöpfung erkennen, ist jenseits von Raum und Zeit vielleicht schon vollendet. Hat sich doch Gott selbst in diese Zerrissenheit hinausgehalten! Trotz allem fühlte sich der einsame Komponist bei der Arbeit an der Messe so glücklich wie selten einmal in seinem Leben. An manchen Tagen sang er so laut, daß es durch alle Ritzen der Wohnung drang: »Kyrie – Gloria – Credo – Sanctus – Benedictus« und schließlich das »Agnus dei, qui tollis paccata mundi, dona nobis pacem!« »Der du trägst die Sünd der Welt, gib uns Frieden!«

Der Text schien wie eigens für diese schwere Zeit geschaffen.

Je stärker sich Reinhold in das Wesen der Messe einfühlte, desto mehr bewunderte er die geistliche

Erkenntnis, die hier im Menschenwort eingefangen war. Und weil Worte das Unsagbare nie erreichen, durfte *er* nun eine Musik dazu schaffen, die tiefer an das Geheimnis zu rühren versuchte. Hier hatten nur Ehrfurcht und Dankbarkeit ihren Platz, und alle konfessionelle Rechthaberei hatte weit dahinter zurückzubleiben.
»Wenn du so weitermachst«, sagte Luise eines Morgens beim Frühstück, »dann entrückst du noch bei lebendigem Leib in den katholischen Himmel. Dabei hast du gar kein Talent zum Heiligen. Aber es wundert mich, daß du noch nicht nach Weihrauch riechst. Fehlt nur das Mönchsgewand und die Madonna über dem Betschemel! Die staube ich dir dann aber nicht ab!«
Reinhold, der gerechterweise zugeben mußte, daß er jetzt meist in höheren Sphären schwebte, war unendlich milde gestimmt.
»Teure Schwester, du hast keine Ahnung von der Schönheit einer Messe! Du bist eben eine Urprotestantin und nicht nur beim Nähen fadengerade. Das liebe ich an dir!«
»So komm denn her, geliebter Bruder, du hast dir einen schrecklichen Knopf an deinen Schuhbändel gezogen. Den bringst du allein nicht mehr auf und mußt heute nacht mit Stiefeln ins Bett!«
Das war Luises Form von Zärtlichkeit, er kannte sie. Dagegen vermißte er Maries Interesse, die doch getaufte Katholikin war.

Vor allem Hermann Jungs Ausstrahlung, brachte ihm die Begegnung mit dem Katholizismus auf solch leuchtende Weise nahe. Sicher gab es nicht viele Priester wie ihn. Im Lauf der Jahrhunderte hatten nämlich die Theologen beider Konfessionen kräftig dazu beigetragen, die Kluft offen zu halten und Lehrunterschiede auszubauen. Den Laien würde es eher gelingen, aufeinander zuzugehen, vorausgesetzt, daß sie um wirkliche Glaubensinhalte bemüht waren. Reinhold fand, es wäre angesichts der Bedrängnis, in die beide Kirchen geraten waren, höchste Zeit zu einem sachlicheren und toleranteren Umgang miteinander. Die katholische Kirche schien ihr Machtstreben immer noch nicht ganz überwunden zu haben. Vielleicht konnte nun der Druck von außen einiges bewirken.

Ehe er die Arbeit an der Messe abschloß, legte er sie seinem jungen Kantor vor, der ihm noch einige wertvolle Kompositionshinweise gab. Dankbar nahm er sie an und erkannte wieder einmal, daß er für solch ein Unternehmen viel gründlicher Kontrapunkt und Kompositionslehre hätte studieren sollen. Aber die Zeit- und Lebensumstände, sein Alter – er näherte sich den Sechzigern – und seine Blindheit verwehrten ihm eine weitere Ausbildung.

Es war für die Gemeinde von St. Elisabeth und für Reinhold Schaad ein großer Tag, als im Sommer 1942 die Messe anläßlich Hermann Jungs dreißigjährigem Priesterjubiläum uraufgeführt wurde. Gerührt schrieb er ein Sonett für den Chor, dessen letzte Zeilen lauteten:

Wo Menschen sich in solchem Chor verbinden,
bin ich gewiß, daß auch kein Ton verweht.
Selbst noch den falschen nimmt Gott gnädig an.

Dies lehrtet ihr mich erst so recht empfinden.
Drum Dank dem Chor von St. Elisabeth
und seinem Dirigenten Walter Schwan.

Hermann Jung freute sich anschließend sehr auf den Besuch bei Reinhold; es war ihm ein Bedürfnis, für die eigens zu seinem Fest komponierte Messe zu danken. Als er dessen Dachatelier betrat, empfand Reinhold sofort, daß eine Art Verwandlung im Raum vor sich ging: Alles schien weiter, heller und wärmer zu werden. Trotz übervieler Pflichten strahlte der Priester eine friedvolle Ruhe aus, die ungemein wohltuend war. Alles, was man für gewöhnlich »Lebensgenuß« nennt, wurde in seiner Nähe unwesentlich.
Er nahm sich viel Zeit, so daß Reinhold schließlich fragte:
»Ich bilde mir ein, Hochwürden, daß Sie noch etwas vorhaben. Schießen Sie los!«
»Ihre Einbildung trügt Sie nicht, lieber Herr Schaad. Aber ich weiß nicht, wie ich anfangen soll, ohne daß Sie mich mißverstehen.«
Reinhold lächelte.
»Mein sechster Sinn verrät mir, daß Sie sich Gedanken über meine religiöse Entwicklung machen.«
»Ins Schwarze getroffen!«
»Wie? Für einen Blinden ein nicht zu verachtendes Kompliment! Nun also, Herr Jung: Ich habe Sie im

Verdacht, daß Sie mich fragen wollen, ob es für mich nicht an der Zeit wäre, in den Schoß der alleinseligmachenden Kirche zurückzukehren.«

Der Priester blickte auf.

»So hätte ich mich bestimmt nicht ausgedrückt. Ich weiß auch nicht, ob die Stunde dafür schon gekommen ist. Jedenfalls habe ich bemerkt, daß Sie hinter allen Mißverständnissen und Äußerlichkeiten etwas vom wahren Wesen der Kirche erfaßt haben.«

»Von *Ihrer* Kirche!«

Jung antwortete nicht.

»Dann halten Sie also unsere protestantische Kirche nur für eine Art Schattenkabinett Ihrer Kirche?«

»O nein! Wo wären wir hingekommen ohne das Korrektiv Martin Luthers! Wir haben viel vom Protestantismus gelernt.«

»Mehr als wir von Ihnen, das muß ich zugeben. Hier in Karlsruhe haben wir es ja sowieso mit einer reformierten katholischen Kirche zu tun. Außerdem: wenn Luther einen Papst wie den jetzigen Pius XII vorgefunden hätte, dann wäre die Reformation wohl anders verlaufen.«

Der Pfarrer seufzte.

»Dann wäre es gar nicht zu einer Spaltung der Kirche gekommen, die Luther ja nicht gewollt hat.«

»Zu einer Spaltung vielleicht nicht. Aber doch zu einer Reformation. Sie müssen bedenken, daß unserem Luther das Hauptstück des christlichen Glaubens ja nicht an den damals erheblichen Mißständen der Kirche aufgegangen ist, sondern am Evangelium selbst. Die Freiheit der Kinder Gottes! Und wer diese Freiheit des evangelischen Glaubens einmal auch nur ahnungsweise erfaßt hat – kann der wieder dahinter zurück?«

»Ich meine nicht, daß es ein Zurückmüssen wäre, Herr Schaad. Wir Katholiken wissen heute genau um den Wert eines vor Gott wachen Gewissens in verantworteter Freiheit.«

Während Reinhold den Gast bat, sich ein weiteres Glas Wein einzuschenken, fuhr er fort:

»Wenn ich als Katholik geboren wäre, dann wäre ich sicher ein guter Katholik. Und ich weiß auch, daß wir Protestanten mit unserer evangelischen Freiheit überfordert sind. Sie kennen die Legende von Dostojewskis ›Großinquisitor‹, der den Heiland gefangennahm, als dieser im 16. Jahrhundert wiederkam?«

»Ich kenne sie. Nennen Sie mir die Stelle, auf die es Ihnen ankommt?«

»Nun, der Großinquisitor sagte zu Jesus dem Sinn nach etwa: ›Du hast den Menschen die Freiheit gebracht. Aber sie sind dieser Freiheit innerlich nicht gewachsen. Sie mißbrauchen sie. Darum haben wir, die Kirche, sie in unsere Hand genommen.

Wir sagen den Menschen, was sie zu tun oder zu lassen haben, das ist leichter für sie und schützt sie vor Verwirrung. Wir nehmen ihnen ihre Entscheidungen ab und tragen stellvertretend die Verantwortung für sie. Wir überfordern sie nicht. Darin sind wir barmherziger als du, Jesus.‹ So etwa der Großinquisitor.«

»Christsein ist eine hohe Anforderung, darum wird es stets angefochten sein. Und deshalb hat man manchmal vielleicht sogar Sehnsucht danach, ein Katholik zu sein. Da wäre der Weg klar gewiesen, so kommt es

mir wenigstens vor. Und wie erginge es wohl Ihnen, wenn Sie als Protestant geboren wären?«
Der Priester räusperte sich.
»Ich kann es mir nicht gut vorstellen. Aber am Ende wären Sie ein besserer Katholik als ich. Wer nämlich ein Kind dieser Kirche ist, sieht die Mißstände, die falschen Entwicklungen viel schärfer als Außenstehende. Unsere Mutter Kirche hat viele Fehler und Grenzen.«
»Ja, aber sie ist Ihre Mutter, auch wenn sie ein altes, schuldgezeichnetes Antlitz und blutige Hände hat. Und sie *bleibt* Ihre Mutter – trotz allem. Und der Papst bleibt Ihr Vater, auch wenn manche Päpste höchst anfechtbare Erscheinungen waren und wohl in Zukunft sein werden.«
»So ist es«, erwiderte Jung. »Und es ist der Schatz dieser Kirche, daß in ihr viel gebetet wird. Manchmal vielleicht sehr kindlich, wie es nicht alle modernen Menschen nachvollziehen können. Aber auf ein bißchen mehr oder weniger Kindlichkeit kommt es angesichts des großen Geheimnisses gar nicht an. Ich bejahe diese Kirche, auch wenn ich manchmal traurig bin über ihre Unvollkommenheit.«
»Wobei die göttlichen Möglichkeiten die Schwächen in Kraft verwandeln können, lieber Herr Jung! ›Ecclesia semper reformanda‹, die Kirche ist immer reformbedürftig, das ist in beiden Kirchen gleich. Ich persönlich finde, daß die Konfessionen sich viel verantwortlicher füreinander fühlen sollten, als sie es bis jetzt noch tun.«
Eine lange Pause entstand.
Schließlich nahm der Priester den Faden wieder auf.

»Unser Gespräch hat einen anderen Verlauf genommen, als ich beabsichtigte. Ich habe bemerkt, daß Sie in einem angespannten Existenzkampf stehen. Und der Kirche ist sehr an der sakralen Kunst gelegen, wir hoffen, daß das künstlerische Ergriffenwerden – etwa in der Musik – zum religiösen Ergriffenwerden führt. Es gäbe schöne Möglichkeiten, gerade für Sie. Vielleicht könnten Sie sich auf eine ganz neue Weise entfalten und vielen Menschen etwas geben. Aber ohne Ihre Mitgliedschaft sind mir die Hände gebunden.«
»Das würde bedeuten, daß ich konvertiere?«
»Ja. Praktisch würde es darauf hinauslaufen. Irgendwie gehören Sie ja bereits zu uns.«
Reinhold verstummte. Der Priester wartete ohne Ungeduld.
»Aufrichtiges Christsein«, begann Reinhold wieder, »um das es mir geht, ist hier wie dort möglich. Über die Enge der Dogmen bin ich hier wie dort hinausgewachsen. Und Sie denken vermutlich, die innere Einheit der Kirche wäre bei mir ja bereits gegeben.« Wieder schwieg er lange. »Ich liebe Ihre Kirche«, ergänzte er schließlich. »Sie hat mehr Ehrfurcht vor dem Heiligen. Wie wichtig ist das in unserer heutigen Welt! Vielleicht bin ich durch mein Blindsein ein Stück weit Mystiker; dafür finde ich in Ihrer Kirche mehr Verständnis. Obwohl mir die Macht- und Prachtentfaltung Ihrer Kirche zuwider ist, so habe ich in ihr ein Stück Heimat gefunden. Ich liebe den Duft, der durch Ihre Kirchenräume zieht, ich atme den Kerzengeruch und fühle das warme, ewige Licht. Ich spüre die Gebete hinter den geöffneten Kirchentüren. Ich erlebe von ferne Ihre Sakramente und die wunderbare Kraft

Ihrer Liturgie. Ich kenne viele Leute, die diese Kirche so sehr lieben, wie es bei uns Protestanten enttäuschend wenig der Fall ist. Und doch wäre ein solcher Schritt zu Ihnen hinüber nicht die volle Wahrheit für mich.«

Pfarrer Jung ergriff Reinholds beide Hände.

»Bringt Ihr Gewissen Sie in Not? Das wollte ich nicht.«

Reinhold schlug das Revers seines Anzuges um, an dem das Parteiabzeichen steckte.

»Ich habe schon einmal gegen mein Gewissen gehandelt«, sagte er. »Es war damals, als ich in die nationalsozialistische Partei eingetreten bin. Gott weiß, daß ich dafür büße. Ich schäme mich zeitlebens, daß ich die Kraft fürs KZ nicht aufbringe. Natürlich ist dieses Beispiel im Blick auf unser Gespräch denkbar schlecht gewählt. Aber wenn ich jetzt oder in absehbarer Zeit in Ihre Kirche eintreten würde, dann müßte ich gewiß eines Tages denken, ich hätte mich verkauft. Wahrscheinlich denken Sie jetzt dasselbe von uns Protestanten wie wir manchmal von den Katholiken: daß sie nämlich ein Brett vor dem Kopf hätten. Dabei erwarte ich nicht, daß Sie mich verstehen.«

»Wer versteht schon den anderen in der letzten Tiefe seiner Entschlüsse?« entgegnete Jung, indem er sich langsam zum Aufbruch bereit machte. »Ich achte Ihre Entscheidung. Unser Gespräch war mir eine Hilfe. Ich füge hinzu, daß Sie sich jederzeit bei uns zu Hause fühlen sollen.«

Auch Reinhold erhob sich.

»Für die Zukunft glaube ich zuversichtlich, daß die Gemeinschaft zwischen den Christen hier und dort, weiterwachsen wird. Sie *muß* wachsen, wir können uns kein Konfessionsgeplänkel mehr leisten!«

»Jawohl«, bestätigte der Priester. »Für eine gespaltene Kirche ist die Welt um uns herum zu stark. Und wer weiß, welche mächtigen Einbrüche in solchen Weltstunden noch auf das Christentum zukommen werden.«

»Die Kirche braucht eben von jeher viel Zeit; gebe Gott, daß sie diese Zeit immer bekommt«, fügte Reinhold hinzu. »Und vielleicht ist das auch wieder gut so. Wie sagt Luther? ›*Die Kirche ist ein undeutliches und blindes Wort, nötiges Menschenwerk - und verborgenes geistliches Geschehen.*‹ Noch einmal: Ecclesia semper reformanda!«

»Una sancta ecclesia!« sagten beide Männer fast gleichzeitig, und es war feierlich in der dämmrigen Stube. »Bei aller gottgeschaffenen Vielfalt: una sancta ecclesia! Eine heilige christliche Kirche!«

Sie ahnten bei ihrer Verabschiedung nicht, daß in jenen Tagen der Schöpfer der una sancta, Dr. Josef Metzger, ins Zuchthaus gekommen war. Denn daß die christlichen Kirchen sich zu einer Einheit verbinden und damit eine große geistige Gegenkraft bilden könnten – das war den Nazis zu gefährlich. Josef Metzger ist im April 1944 hingerichtet worden, genau ein Jahr vor Dietrich Bonhoeffer.

Es war sehr still um Reinhold, als der Priester gegangen war. Aber es schien, als habe er einen Hauch jenes Geistes, den man den heiligen nennt, im Raum zurückgelassen.

Der Einsame aus Freiburg

*Jetzt ist die Zeit,
da sich das Heil verbirgt
und Menschenhochmut auf dem
Markte feiert.*

Reinhold Schneider

Verwundert schüttelte Reinhold den Kopf. Welch merkwürdigen Brief hatte ihm Marie soeben vorgelesen! *Mit Dank zurück* stand unter einem an ihn adressiertes Gedicht ohne Absender. Das dünne Blatt, mit Reinholds üblicher Signatur *R. Sch.* unterzeichnet, war ein maschinengeschriebenes Sonett auf Papst Pius XII. »Da wird unsereiner ja ganz schön vereinnahmt«, sagte er zu Marie. »Nun soll ich auch noch ein Sonett auf den Papst geschrieben haben! Wie käme ich auf solch einen Gedanken? Ich kenne den Papst doch gar nicht! Und wer erlaubt sich, seine Werke mit *R. Sch.* zu unterzeichnen? Es ist übrigens ein gutes Sonett und macht mir keine Schande.« Er zitierte den Anfang aus dem Gedächtnis:

*An Papst Pius XII
Du hast die Schmerzen alle angenommen,
die auf der Welt das Heilige erfahren,
und von noch fernen, grauenvollen Jahren
ist schon ein Schatten über dich gekommen...*

Das Mißverständnis klärte sich bei der nächsten Chorstunde in St. Elisabeth auf.
»Es ist ein Sonett des Dichters Reinhold Schneider«, berichtete ein Sänger. »Er lebt zur Zeit in Freiburg und hatte vor nicht allzu langer Zeit eine Audienz beim Papst.«
Reinhold Schneider war in jener Zeit noch nicht sehr bekannt. Er war ein klarer Gegner des Dritten Reiches, und es bedurfte verlegerischen Mutes, seine Manuskripte zu drucken; viele seiner Sonette gingen deshalb maschinengeschrieben und vervielfältigt von Hand zu Hand. Und eines davon war auf Schaads Schreibtisch gelangt.
Der Karlsruher Reinhold Sch. begann sich für den Freiburger Reinhold Sch. zu interessieren. Er ließ sich das Buch »Las Casas vor Karl V« vorlesen, in welchem Schneider den Protest gegen die Judenverfolgungen verschlüsselt darstellt. Es wurde von den Machthabern des Dritten Reiches nicht bemerkt, sonst wäre die Arbeit zu diesem Zeitpunkt wohl kaum veröffentlicht worden.
Schaad trug sich mit dem Gedanken, das Sonett an Papst Pius XII zu vertonen und es Schneider zuzusenden. Es entstand eine sehr schöne Komposition, sie wurde später gedruckt und mehrmals aufgeführt. Ein nicht ganz leichter, vierstimmiger Satz untermalt eine schlichte, man möchte sagen: fromme Melodie.
Schneider äußerte sich beglückt über das Lied. Er meinte, es sei darin tatsächlich etwas vom Wesen dieses Papstes eingefangen, dem die tragischste Zeit des 20. Jahrhunderts als Schicksal zugewiesen war. Schneider schreibt über Pius XII:

Ich bin noch nie einem Menschen begegnet, der in solchem Maße – bis zur völligen Transparenz – Seele war. Von solch einer Persönlichkeit ist man einfach beschämt.

Die schönste Frucht dieses verwechselten Gedichtes aber war die sich anbahnende Freundschaft zwischen Schaad und Schneider. Sie hatten außer dem gleichen Vornamen noch viel anderes gemeinsam: Beide hatten jeweils auf Grund körperlicher Begrenzungen ein Stück innere Einsamkeit und Schwermut auszuhalten, die sie durch geistige Tätigkeit in den Griff zu bekommen suchten. In beiden lebte die Ahnung »von noch fernen, grauenvollen Jahren«. Beide waren zunächst »ungläubig« gewesen, hatten aber inzwischen den ihnen gemäßen Weg gefunden. Ihr erstes Briefgespräch galt dem Philosophen Arthur Schopenhauer.

Noch heute bin ich Schopenhauer dankbar, schreibt Schneider einmal, *für die Größe seiner Weltsicht... Ich verdanke ihm mehr, als irgendjemand sonst, wenn ich auch absolut nicht ein ausgeprägter Anhänger von ihm bin. Aber wenn ich einen Begriff von den Problemen unseres Daseins bekommen habe, so geschah das durch ihn.*

Schaad hätte genau so schreiben können.
Beide Männer hatten ältere, mütterliche Frauen an ihrer Seite. Beide waren begabt für Freundschaft und bedurften menschlicher Nähe. Natürliche Treue lag in ihrem Wesen. Es ließen sich noch andere Gemeinsamkeiten finden, z.B., daß sie beide hervorragende Weinkenner waren. Daß im Abstand weniger Jahre

beide ihr Leben durch einen Unfall auf der Straße verloren, haben erst wir Nachlebenden erfahren.

In der folgenden Zeit schickte Schneider dem musikalischen Freund alle seine entstehenden Gedichte.
Am Morgen eines dunklen Spätherbsttages, schrieb er im Oktober 1943, *schreckte mich ein Krachen, Schleifen und Rauschen hinter dem Haus. Auf dem Gartenweg lag gleichsam die noch atmende, von gelben Blättern überrieselte Krone des Birnbaums, den ich »meinen Birnbaum« zu nennen pflegte.*

Dabei entstand eines der schönsten Schneidergedichte, das auch eine der schönsten Schaadschen Vertonungen erfuhr. Aber auch sie wurde vom Kriegsende und vom Zusammenbruch verschlungen. Es gibt Menschen, deren Möglichkeiten durch die Zeitumstände blockiert werden, zu ihnen gehörte Reinhold Schaad. Das Gedicht lautete:

An meinen Birnbaum

Der Rausch deiner großen Jahre
ist nun verblüht und verweht,
ob auch das Licht, das klare,
dir täglich zu Häupten steht.

Ich fühle die Blätter weben
müde von schwerem Traum.
Wie wunderbar schlummert mein Leben
in deinem Leben, mein Baum.

*Von deinen Zweigen allen
ist keiner von Früchten schwer,
ich höre das zögernde Fallen
und Klopfen im Grase nicht mehr,*

*das oft mich wundersam störte,
wenn ich in Schwermut lag
und die Stimmen der Toten hörte,
bang, zwischen Nacht und Tag.*

*Nun ruhst du, den rauschenden Schlummer
beschwerte der Himmel dir nicht.
Aber den tiefsten Kummer
überblühte dein Licht.*
Reinhold Schneider (1943)

(Es ist zu vermuten, daß die Komposition im Reinhold-Schneider-Archiv in Karlsruhe aufbewahrt ist.)

Beide Männer wünschten sich nun eine persönliche Begegnung, aber immer wieder kamen kriegsbedingte Hindernisse dazwischen. Endlich, im März 1944, ergab sich ein Besuch in Freiburg. Reinhold Schaad schrieb mir darüber:

…Wir trafen uns bei einem Dr. Paal. (Ob ich den Namen richtig schreibe, weiß ich nicht). Es waren außer mir noch einige Gäste da. Schwan war auch dabei.
Es ist ein einmaliges Erlebnis, Schneider sprechen zu hören. Seine schwierigsten Sonette wurden durch seinen sehr durchdachten Vortrag unmittelbar verständlich. Man spürt, wie bitter ernst es ihm im Kampf um unsere Zeit ist. Er steht in

einem erschütternden Ringen um Wahrhaftigkeit und leidet vor allem mit den jungen Menschen in allen europäischen Ländern. Schneider macht aus sich selbst gar nichts. Er bleibt ganz schlicht stets er selbst, demütig, wie eben ein großer Mensch demütig bleibt angesichts der Größe des Überzeitlichen. Dabei hat er einen feinen Humor und strahlt eine tiefe, aufmerksame Güte aus. Ich trug dann einige meiner Kompositionen vor. »An meinem Birnbaum« gefiel ihm am besten. Schwan spielte seine Komposition »Der kranke Vogel«.
Ich würde gerne einmal mit Reinhold Schneider allein sein. Aber das wird unmöglich gehen. Eine treue Seele, ein Fräulein Anna Maria Baumgarten, umschwebt ihn wie der Mond die Sonne. Seine Umgebung umgibt ihn mit der Gloriole eines Heiligen. Er ist darüber absolut erhaben. Aber Sie können sich vorstellen, daß ich einige Male ins Schnurren gekommen bin an jenem Nachmittag. Dann aber hat mich doch immer wieder der innere Frieden erquickt, der trotz eines fast schwermütigen Ernstes und spürbaren seelischen Kämpfen von Schneider ausgeht. Fleiß, Konzentration und Disziplin sprechen sehr stark aus ihm und man spürt ihm die Verantwortung vor einer höheren Instanz ganz klar ab. Er hat übrigens einen zwar wundervollen, aber nicht einfachen Schreibstil. Es könnte sein, daß er nur schwer gelesen und gehört wird...

Die Begegnung mit Reinhold Schneider, seine Briefe, Gedanken und Gedichte, vor allem aber seine Prosa – sie gaben Schaads letzten Lebensjahren entscheidende geistige Impulse. Er bewunderte Schneiders ernste Zusammenschau des christlichen Abendlandes, dessen Untergang er schmerzlich zu sehen meinte. Man hat in jener Zeit von Schneider gesagt, Deutschland habe ein Gewissen, solange er lebe. Das war richtig: Seine Gestalt war in der Mitte des 20. Jahrhunderts unendlich wichtig für alle Deutschen, auch wenn sie es nicht wußten. Der Schriftsteller Otto von Taube schreibt:

Reinhold Schneider hat sich in den bösesten Zeiten der Geschichte als einer der notwendigsten erwiesen, der stützte und heilte, wo alles zusammenbrach. Er war ein Maßstab für viele, viele...

Schaad versuchte sich nun ebenfalls in der von Schneider geübten Sonettform. Manchmal waren seine Produkte nichts weiter als blanke Schneiderverehrung. »Schneidert es wieder mal bei Ihnen?« scherzten wir dann wohl mit ihm, und er nahm unsere Kritik mit Heiterkeit zur Kenntnis.

Es bedurfte einer längeren Zeitspanne, bis er wieder aus dem Schatten des großen Dichters heraustrat und seinen eigenen Ton fand. Manchmal wehrte er sich innerlich auch gegen Schneiders bedrückende Sicht der Dinge. Schaad war im Grunde heiter veranlagt und hatte sich ein Stück Kindlichkeit bewahrt; deshalb war er auch immer einmal wieder nahe bei uns jungen Menschen, die nicht mit Weltuntergangsstimmungen genährt werden wollten. Dies schmälerte keineswegs seine Hochachtung für Schneiders Persönlichkeit.
»Er leidet unendlich«, sagte er einmal zu mir. »Vor solch edlem Leiden um der deutschen Menschen willen kann man nur Ehrfurcht haben.«

Ausgebombt

> *Zu den Einsichten, zu denen mir die Zeit der Internierung und Haft (beim Nürnberger Prozeß nach Kriegsende) verhalf, gehört die tiefere Entdeckung des Musischen für unser Leben. Seitdem weiß ich deutlicher denn je, daß man dem Menschen nicht gerecht wird, wenn man ihn nur unter technischer, gesellschaftlicher oder politischer Sicht betrachtet.*
>
> Walter Rohland (Leiter des Krupp-Stahl-Konzerns)

Der Sommer des Kriegsjahres 1944 hat in meiner Erinnerung eine eigenartig schillernde Farbe: Es war, als läge über allem Erleben ein Abschiedsleuchten. Das Wetter war hell und schön; auf dem Kurtzenhof und bei uns in Hohebuch reifte eine gute Ernte heran. Die Tage waren erfüllt von Feriensonnenglanz, die Nächte von dumpfem Fliegerbrummen. Wer es gehört hat, dem bleibt es für immer in den Ohren.

Reinhold Schaad verbrachte die Ferienzeit auf dem Kurtzenhof. Er machte seinen Nachmittagsspaziergang zu uns herüber. Bang fragte er jedesmal meinen Vater nach dem Ergehen seiner vier Soldatensöhne.

Reinhold Schneider schickte dem musikalischen Freund ein Abendlied von schwermütiger Poesie. *Gib auch der Seele Schwingen und laß uns nicht allein,* hieß es darin.

Die letzte Strophe lautete:

Dies ist die späte Stunde,
der keine Stunde gleicht
in weiter Erdenrunde
ist jeder Glanz erbleicht.
Nur deine Sterne schauen
herab in reiner Pracht.
Wir trauen, Herr, und bauen
allein auf deine Macht.
Datiert vom 11. 7. 1944

Das Gedicht fing unsere damalige Stimmung sehr gut ein.
»Trotz allem ist es mir doch ein wenig zu düster«, meinte Schaad und wählte für die Vertonung die strahlende E-Dur-Tonart. Auf diese Weise entstand eine fast tröstliche Klangwirkung, so, als bräche überirdisches Licht in »der Untergänge Glut«. Es wurde ein eindrucksvolle Komposition.

Wir saßen an jenem hellen Sommerabend des 20. Juli 1944 noch lange im Park unter der Linde zusammen und versuchten das neue Lied zu singen. Danach berichtete uns Reinhold über das mißglückte Attentat auf Adolf Hitler. Er war stets am besten informiert und wußte bereits schwerwiegende Einzelheiten. Aus seiner Leipziger und Berliner Zeit kannte er auch einige der ins Geschehen verflochtenen Personen. Ach, das kommende Verhängnis schien unausweichlich! Wie man heute weiß, sollen im ganzen 46 Attentate auf Adolf Hitler geplant gewesen sein; keines gelang.

Wenige Wochen zuvor hatte Schaad unauffällig seinen 60. Geburtstag begangen. Da er gerne über die Gleichzeitigkeit der Dinge nachdachte, sei erwähnt, daß ein sehr junges Mädchen namens Anne Frank zugleich mit ihm Geburtstag hatte. Sie erlebte diesen Tag in ihrem Amsterdamer Versteck; und sie starb wenige Monate später im Konzentrationslager Bergen-Belsen. Schaad hat nie davon erfahren.

Wir brachten die Getreideernte in die Scheunen, es war mühselig genug ohne ausreichenden Treibstoff, mit ungenügenden Maschinen und fehlenden Hilfskräften. Während rings in Haus und Feld alles, was arbeitsfähig war, fleißig werkte, hatte Reinhold im schattigen Garten des Kurtzenhofes still zu sitzen und möglichst niemanden bei der Arbeit zu stören. Sicher beneideten ihn manche, daß er unter Rosen und Bäumen ruhen durfte, ohne zu ahnen, wie hart es war, in jenen Wochen wachsender innerer und äußerer Unruhe bei täglich näher rückender Front sich kaum ablenken zu können.
»Auch sie dienen Ihm, die ruhig stehn und warten...«
Schweren Herzens machten die drei Karlsruher, Reinhold, Luise und Marie, sich nach den Ferien wieder auf den Heimweg in ihre Stadt. Im Gästebuch des Kurtzenhofes findet sich folgender Eintrag von Schaad, der das Lebensgefühl jener Tage festhält:

Jetzt sitz' ich schon seit einer Stunde hier
und such' vergeblich nach den rechten Worten,
die würdig wären, Kurtzenhof, nun dir
für all das Gute, das uns hier geworden,

*den Dank zu sagen, den du hast verdient.
Denn unabwendbar steht vor uns das Grauen,
das mit dem Wort »zum letztenmal« beginnt,
das weglos in die Zukunft uns läßt schauen.
Nur eins ist klar: wir stehn in Gottes Hand,
zu ihm will ich in dieser Stunde flehen:
er möge dich mit Menschen, Vieh und Land
all dieses Unheil lassen heil bestehen.*

Es war gut, daß Reinhold in Karlsruhe erfreuliche Aufgaben fand. Da war einmal die führende Mitarbeit in der Konzertgemeinschaft Blinder Künstler, zusammen mit Dr. Alexander Reusch. Bedauerlicherweise kamen die beiden Herren nur schwer miteinander zurecht, und man kann Reinhold wohl nicht von Schuld freisprechen, weil er sehr kompromißlos war.
Zum anderen war es die Mitarbeit an dem noch nicht lange gegründeten Karlsruher Kammerchor. Diese Aufgabe erfüllte ihn. Unter dem jungen, dynamischen und sehr begabten Dirigenten Paul Josef Wehrle wurde der Chor rasch berühmt. Reinhold war dankbar, in vielerlei Hinsicht etwas Wertvolles leisten zu können.

Er war dem Karlsruher Kammerchor nicht nur stimmlich, sondern auch menschlich eine tragende Stütze, schrieb Clemens Weis über ihn. *Hätten nur seine Worte, oft beißend hart und messerscharf gesprochen, zu ihrer Zeit einen größeren Hörerkreis gefunden, sie hätten manchen Wahnwitz entschleiert!*

Die Freude des Wirkens sollte nicht lange währen. In der Nacht vom 27. September 1944 – es war ein Mitt-

woch – breitete sich große Unruhe über Karlsruhe aus. Gegen Morgen heulte die Sirene zum drittenmal. Der nun folgende Bombenangriff sollte Karlsruhes Gesicht für immer verändern. Zahllose britische Bomben fielen nieder und verwandelten die Innenstadt in ein Flammenmeer: Schloß, Rathaus, Stadtkirche, St. Stephan und viele, viele Häuser wurden zerstört. Auch die Schaad'sche Wohnung in der Erbprinzenstraße brannte aus.
Die drei Obdachlosen flüchteten auf den Kurtzenhof, wo sie bereitwillig aufgenommen wurden, obwohl sie wahrhaftig nicht die einzigen waren.

Bei seinem ersten Besuch in unserem Haus war Reinhold verzweifelt.
»Mein schöner Flügel«, rief er leidenschaftlich, »solch ein Instrument kann ich mir nie mehr leisten. Alles andere, Tisch, Stuhl und Bett, läßt sich vielleicht wieder einmal ersetzen!«
Es war keine leichte Zeit. Die Angriffe auf unsere Nachbarstädte Heilbronn, Stuttgart, Mannheim und Nürnberg überschwemmten unsere bisher ländlich stille Gegend mit Ausgebombten. Immer enger galt es zusammenzurücken. Auch der blinde Kantor Walter Schwan war mit seiner jungen Frau zu uns geflüchtet.
Es war für mich sehr lehrreich, zu beobachten, wie gewissenhaft die beiden Blinden – denn Schaad kam nun oft – ihre Tage strukturierten. Sie lasen einander aus ihren Punktschriftbüchern vor, sie verfolgten hörenswerte Rundfunksendungen, sie begannen auch immer wieder, einfache Liedsätze zu schreiben für die ländli-

chen Chöre der Umgebung, die inzwischen meist ohne männliche Besetzung und Noten waren. Schwan half beim sonntäglichen Orgelspiel in den umliegenden Kirchen. Überall waren die beiden musikalischen Freunde willkommen. Gleichzeitig verstanden sie es, sich in den Tageslauf eines landwirtschaftlichen Betriebes einzufügen. So drehten sie regelmäßig das Butterfaß, bei dem man nichts zu sehen brauchte. Wie oft halfen sie uns mit ihrer größeren Übung in Geduld und Gelassenheit über Alltagsschwierigkeiten hinweg! Ob jemals so viel gesungen, ja sogar gelacht wurde in unserem Haus wie in diesen bedrohten Monaten? Auch meinem Vater war Reinhold Schaad ein willkommener Gast; er interessierte sich lebhaft für alle Sorgen in einem Landwirtsdasein.
»Ihr Vater gehört zu den ganz wenigen Männern, vor denen ich Respekt habe«, sagte er mir einmal.

Näher und näher rückte die Front. Die Ardennenoffensive im Januar 1945 brachte Reinhold fast zur Verzweiflung.
»Sogar als Blinder sieht man, daß der Krieg verloren ist!« stöhnte er einmal. »Warum nun noch diese letzte, sinnlose Vernichtungswelle? Engländer, Franzosen, Amerikaner und Russen sind jetzt gerade die gleichen Dummköpfe wie die Nazis!«
Dem schrecklichen, »ostpreußischen« Winter folgte der Frühling; er war besonders mild und schön. Immer häufiger knallten Jagdbomber durch die Gegend.
»Die himmlische Unruhe nimmt zu«, spottete Schaad, »aber eine *heilige* Unruhe ist es bestimmt nicht!«

Sehr deutlich ist mir ein Apriltag in Erinnerung, an dem die amerikanischen Truppen schon so nahe waren, daß sich, der dauernden Schießereien wegen, niemand mehr aus dem Haus wagte. Da tauchten auf einmal die beiden Blinden, Albrecht Kurtz und Reinhold Schaad in der Stube auf. Weil niemand sie vom Kurtzenhof zu uns herüber begleiten wollte, nahmen sie den Weg selbständig unter die Füße. Trotz schwierigster Bedingungen war ihnen die Ankunft bei uns gelungen.
»Wir müssen uns die Angst vom Herzen reden!« rief Schaad erregt. »Ich habe Angst! Ja, ich habe Angst, ich bin feig, ganz unheldisch. Was müssen unsere Soldaten in diesen Tagen aushalten – und ich Memme! Ich dachte immer, ich hätte die Furcht vor dem Sterben überwunden. Aber nein! Vor dem Tod habe ich keine Angst, jedoch vor dem Sterben. Dabei sehe ich es doch gar nicht, wenn einer dieser Mordlustigen das Gewehr auf mich richet!«
Er sprach offen aus, was wir alle empfanden: Wir hatten Angst vor dem ungewissen Kommenden. Aber Schaads Ehrlichkeit befreite uns.
Reinhold Schneider hatte ein Sonett mit dem Titel: »Das Todesjahr« geschickt. *Dies ist der Morgen vor dem Untergang, da Blütenglanz von tiefem Grauen lebt...*
Nicht einmal Reinhold Schaad verspürte Lust, es zu vertonen.

Am Karfreitag scharten wir uns noch einmal in größerer Runde zusammen. Wir brauchten die gegenseitige Nähe. Zwangsevakuierungen wurden vorbereitet. Aber wohin sollte man bloß fliehen? Mein Vater war vollkommen gefaßt.

»Wir können dem Verhängnis nicht entgehen«, sagte er, »da sterben wir doch lieber zu Hause als auf der Landstraße! Im übrigen halte ich diese willkürlichen Evakuierungsbefehle wieder mal für ein Propagandamittel, um die Menschen von jeder Art der Selbstbesinnung abzulenken!«
Eine große Ruhe ging von ihm aus.
»Jetzt hören wir uns auf Schallplatten die Bachsche Matthäuspassion an«, bestimmte er. »Vielleicht können wir sie nie mehr hören im Leben. Noch haben wir elektrischen Strom, er kann morgen schon weg sein.«

Wir nahmen die ganze Passion in uns auf, sie dauerte mehrere Stunden, und wir empfanden die Musik derart intensiv, daß wir das Schießen von draußen nicht beachteten. Die Schallplatten waren von hoher Qualität und in hervorragender Besetzung. Nie mehr habe ich Chöre und Gesänge so sehr mit allen Sinnen gehört wie an jenem Nachmittag. Als es verklang, dieses: *...Ruhe sanfte, sanfte Ruh...* überkam uns ein Friede, der uns spüren ließ: es gibt Größeres als unsere augenblickliche Bedrängnis.
»Ich danke Ihnen«, sagte Schaad beim Abschied zu meinem Vater. Spürbar legte er in diese drei Worte alles hinein, was ihn bewegte. Wußte man, ob man sich je wieder sehen würde? »Vielleicht war es wirklich das letzte Mal, daß wir die Matthäuspassion hören konnten«, sagte er ernst.

Es war für ihn tatsächlich das letzte Mal gewesen.

Der Torso

*Es ist nicht auszudenken,
was Gott aus den Bruchstücken
unseres Lebens machen kann,
wenn wir sie ihm ganz überlassen.*

Blaise Pascal

Es kam Schlag auf Schlag: Besetzung durch die Amerikaner, Zerstörung der Heimatgemeinde Waldenburg, Vertreibung vom Hof und nachfolgende Rückkehr in ein ausgeplündertes Anwesen.
Ringsum jubelte der Frühling, sogar die Vögel sangen wieder, nachdem sie mehrere Wochen angstvoll verstummt waren. Der Apfelblütenduft mischte sich mit dem Geruch ausgebrannter Ruinen.
Als wir uns, anläßlich der Silberhochzeit der Kurtzenhöfer, nach einem Vierteljahr wieder zusammenfanden, war uns feierlich zumute. Wir waren dankbar, alle am Leben geblieben zu sein.
»Dankbar und schuldig zugleich, *weil* wir überlebt haben«, sagte Reinhold Schaad.
»Dieses Jahr werden wir aber Ihren Geburtstag feiern mit allem, was wir noch haben«, sagte ich zu ihm. Es wurde ein vergnügter und erfüllter Tag (und niemand wurde von der Ahnung gestreift, daß es sein letzter Geburtstag sein könnte). Der Wille zu Freude und Unbeschwertheit brach sich vor allem unter uns Jungen so elementar Bahn, daß wir allerlei Unsinn an-

stellten. Wir sprachen in Reimen, sangen im Opernstil, spielten Charaden und tanzten übermütig im Garten herum. Wir bestürmten das »Geburtstagskind«, uns ein Theaterstück zu schreiben, bei dem es viel zu lachen gäbe, und der Gute war kein Spielverderber. Sein *»Spiel im Sommer«* war kein großes Geistesprodukt, aber wir hatten viele fröhliche Stunden mit den spitzigen und spritzigen Dialogen. Zu meinem Geburtstag, der kurz auf den seinigen folgte, schrieb er mir ein entzückendes Blumengedicht, das er höchst charmant vortrug. Die letzten Zeilen berühren mich heute noch.

Und so wünsch' ich Dir zum Schluß
an des Frühlings Ende,
daß der Sommer, wie er muß,
reiches Wachstum spende,

daß der Herbst, wie's ihm gebührt,
nicht an Früchten geize,
dann fehlt's auch dem Winter nicht
noch am eignen Reize.

Drum so sei mit froher Hand
nun der Strauß gebunden.
Noch ist Frühling rings im Land...
Heilig sind die Stunden...

Daß die gemeinsamen Stunden mit Reinhold Schaad gezählt und darum heilig waren – ahnte ich es? Jedenfalls stehen einzelne Erinnerungen an ihn auffallend klar vor meiner Seele.

Da war beispielsweise jener Sonntagnachmittag, als Reinhold die letzte Friedenszigarre rauchte, die wir gerettet hatten, während ich bereits das Abendbrot aufdeckte. Wir waren allein, die anderen waren in Garten und Ställe gegangen. Nachdem er fertig geraucht hatte, machte er sich am Klavier zu schaffen, tastete nach einem Packen Blindenbücher, erspürte das Metronom und geriet schließlich mit vorsichtig suchenden Händen an eine kleine Marmorfigur, das Erbstück einer alten Tante, das noch dastand, weil die Plünderer wohl nichts damit anzufangen gewußt hatten. Es war der nachgebildete Torso einer antiken Büste. Das Figürchen fand Reinholds ausgeprägtes Interesse, er betrachtete es gründlich mit seinen Händen und sagte schließlich:
»Das ist ein Torso. Ich bin auch ein Torso. Ein Bruchstück. Ein Fragment. Nichts ist so geworden, wie ich es mir ersehnte: weder mein Cellospiel, noch meine Singstimme, noch meine Kompositionen, meine Gedichte und die Artikel, die Erzählungen und die Theaterspiele, alles Stückwerk!«
Ich blickte auf. Solche Töne waren mir fremd an ihm. Er sprach wenig über sich selbst.
»Wollen Sie mich aber jetzt nur nicht trösten!« fuhr er drohend fort, und der Unterton von Zynismus war nicht zu überhören. »Von Mitleid können nur geringe Naturen leben – ich nicht!« Er wurde plötzlich wütend, aber ich kannte ihn jetzt schon gut genug, um solche Ausbrüche nicht mißzuverstehen.
»Meinen Sie, bei uns Sehenden sei das mit dem Bruchstück viel anders?« rief ich. »Denn jeder sucht ein All zu sein und jeder ist im Grunde nichts. Das ist, glaube ich, von Owlglass.«

»Hören Sie auf, Sie Grünschnabel! Sie sind unerträglich.«

Aber es zuckte bereits wieder schelmisch um seine Mundwinkel.

»Nein, ich höre nicht auf. Ich beneide Sie um Ihre innere Unabhängigkeit und Freiheit. Ja, auch um die Möglichkeit, hinter die Dinge zu sehen, und um Ihren Mut, die Wahrheit auszusprechen, ohne die Liebe zu verletzen.«

»Ach, Sie Kind, was wissen Sie denn schon von Wahrheit, diesem zweischneidigen Schwert!«

Dann setzte er sich ans Klavier und legte die Hände auf die Tasten, bereits wieder ruhiger.

»Ja sagen lernen zu dem Bruchstück, das wir eben alle nur leben können«, philosophierte er. »Eigentlich sollte ich es gelernt haben, daß die Ganzheit unseres Lebens nicht in unseren Händen liegt. Und daß auch ein Torso, ein Fragment durchaus »ganz« und liebenswert sein kann, nicht wahr? Bleibt zu hoffen, daß der große Töpfer diese Scherben irgendwann einmal zu einem brauchbaren Gefäß zusammenfügt.«

Erst leise, dann mutiger, begann er Franz Schuberts letztes Lied aus dem Zyklus »die Winterreise« zu singen:

Drüben, hinterm Dorfe, steht ein Leiermann...
Wunderlicher Alter, soll ich mit dir gehn?...

Es war wohl am meisten *sein* Lied, das er fast wie am eigenen Leib durchlitten hatte. Nach dem letzten Ton blieb es lange still im Zimmer. Es war unnötig, zu sagen, daß dieser Vortrag nichts Bruchstückhaftes, sondern etwas *Vollkommenes* gewesen war. Nie wieder, auch vom berühmtesten Sänger nicht, habe ich es je so meisterlich singen hören wie damals, als er es zum letzten Mal sang.

Nur selten hat Reinhold Schaad seine Gefühle so ungeschützt peisgegeben. Im allgemeinen sprach er nicht von sich selbst und war nach außen meist humorvoll, gelassen und tätig. Er nahm jetzt auch die Chance, seine politischen Ansichten wieder offen aussprechen zu dürfen, wahr. Er verfaßte eine ernste Rede im Blick auf die Nazizeit und trug sie in dem Landstädtchen Kupferzell engagiert vor. Sie ging ein wenig über die Köpfe hinweg und wirbelte danach allerlei Staub auf, denn es war längst nicht allen Menschen schon gegeben, den Vorkommnissen der Nazizeit ehrlich ins Angesicht zu sehen und sich mutig zum eigenen Irrtum zu bekennen.

Weiterhin unterstützte er die Chöre der Umgebung, wo immer es nötig war, folgte gerne den verschiedenen Einladungen, so etwa ins Waldenburger Fürstenhaus, wo er ein Lied fürs jüngste Töchterchen schrieb. Ein ganz besonders schönes Tauflied schuf er für das Enkelkind des damaligen evangelischen Landesbischofs von Württemberg, Theophil Wurm; es war in Kupferzell geboren. Respektvoll begegnete er dem großen alten Mann, der sich im Dritten Reich ungemein tapfer geschlagen hatte. Wenigstens die erste Strophe des Taufliedes sei erwähnt:

Herr, der du thronst ob Raum und Zeit,
aus dessen Sein wir leben,
nun da uns dieses große Leid
sichtbarlich ist gegeben,
gib auch, daß wir ohn' Zagen
es würdig können tragen.

»Das mit dem würdigen Tragen wird mir manchmal schon schwer«, sagte er an einem milden Frühherbsttag zu mir, als ich ihn von einem Besuch bei uns auf den Kurtzenhof zurückbegleitete. »Jetzt ist es dann bald ein Jahr her, daß wir ausgebombt wurden.«
Und erstmals brach der Jammer um die Heimatlosigkeit aus ihm heraus. »Wir können auf dem Kurtzenhof nicht länger bleiben, obwohl niemand ein Wort verliert. Es ist eine großartige Gastfreundschaft, die wir genießen dürfen. Aber wohin sollen wir gehen? Wir alten Leute können unsere zerbombte Wohnung nicht mehr ohne Hilfe herrichten, und eine andere Bleibe läßt sich zur Zeit nicht finden. Ich denke mir jetzt manchmal, daß es nicht verwunderlich ist, wenn einer, der seine äußere Mitte und sein Milieu, sein Heim, seine Wohnung verliert, auch innerlich haltlos wird und Dinge tut, die ihm zuvor keiner zugetraut hätte.«
Während des Gesprächs waren wir bis vor unsere alte abgebrannte Landbrauerei gelangt, wo wir auf meinen Vater trafen, der vor dem riesigen Trümmerhaufen stand und darüber nachdachte, was damit geschehen solle. Nachdem Reinhold ihn begrüßt hatte, weihte er ihn in seine Sorgen ein. Der Blinde ließ sich um die verwüstete Anlage herumführen. Dann dachte auch er nach. Schließlich meinte er:

»Von heute aus gesehen, weiß man nicht, ob Deutschland je wieder auf die Füße kommt. Dennoch beneide ich Sie, lieber Herr Hege, daß Sie solche Sorgen haben und gewiß eines Tages am Aufbau mithelfen können.«
»Wenn *Sie* zu gestalten hätten«, fragte mein Vater lächelnd, »was würden Sie denn mit solch einer mächtigen Ruine tun?«
Reinhold schwieg zunächst und besann sich.
»Ja – was würde ich tun? Ich glaube, ich würde in die Jugend investieren. Sie ist von der Ideologie des Dritten Reiches wohl mehr geprägt, als sie weiß. Man hat ihr Vertrauen so sehr mißbraucht, daß ich Sorge habe, ob sie je wieder eines starken Vertrauens fähig sein wird und deshalb zunächst einfach nichts wahrhaben will, dabei aber alles verdrängt. Ohne Vertrauen kann man jedoch nicht leben. Unsere Jugend braucht Hilfe.«
Mein Vater nickte.
»Es tut gut, wenn Sie so sprechen. Man muß Hoffnung säen. Ich denke dabei an unsere im vergangenen Frühjahr frisch eingesäten Felder, über die dann Hunderte von amerikanischen Panzern hinwegrollten. Der Boden war plattgewalzt, als sei er betoniert. Da wächst kein Gras mehr, dachte ich. Doch inzwischen haben wir eine recht gute Ernte heimgebracht, die so nötig ist für unser hungerndes Volk. Nein, die Hoffnung darf man nie aufgeben.«
Reinhold spann den Faden weiter.
»Zuversichtliche Gedanken sind wie ein Same. Wenn er keimt, kann er wachsen. Ein Same ist etwas Ungeheures. Man kann Ihnen nur Mut machen zu Ihren Plänen. Sie verfügen über den nötigen Idealismus, die

nötige Sachkenntnis und den nötigen Realismus. Und so wird eines Tages die richtige Antwort auf Ihre Frage da sein. Ich vermute überhaupt, daß viele Aufgaben auf Sie zukommen. Seien Sie dankbar. Mir ist so etwas versagt.« Und nun huschte doch, von mir erstmals bemerkt, ein bitteres Lächeln über seine harmonischen Gesichtszüge.

Heute steht eine blühende ländliche Heimvolkshochschule an dieser Stelle. Reinhold Schaad hat die Einweihung (1951) nicht mehr erlebt. Aber wer weiß – vielleicht wurde damals durch ihn das erste Samenkorn für die Aufbauarbeit meines Vaters gelegt.

Größer als Wirken und Meiden ist die stille Geduld, hatte Reinhold Schneider einmal geschrieben. Schaad bemühte sich, diese Weisheit zu leben.

Dagegen erhielt nun Reinhold Schneider in Freiburg endlich die ihm gebührende Anerkennung. Sie brachte gleichzeitig viel Arbeit mit sich, und so wußte Schaad, daß er sich zurückzunehmen hatte. Obwohl der Dichter jeden Brief mit gewissenhafter Treue beantwortete, so war es doch zu verstehen, daß er alle Kräfte einsetzen wollte, um das auch innerlich gebeugte Volk vor beginnender materialistischer Gesinnung zu bewahren. Wie sagte man doch damals:

Was soll uns Shakespeare, Kant und Luther:
Dem Elend dünkt ein Stückchen Butter,
erhabener als der ganze Faust. (Arno Holtz)

Als schließlich die Post wieder in Gang kam, schrieb Robert Bayer aus Stuttgart, daß er sich um eine Wohnung für die drei Heimatlosen in Stuttgart bemühe. Aber auch dort war es zunächst aussichtslos, etwas Passendes und im Preis Erschwingliches zu finden.
Wie sollte es weitergehen?
»Arbeit und Liebe sind meine Hilfskonstruktionen fürs Leben«, hatte mir Reinhold einmal gesagt. Doch jede einigermaßen sinnvolle Arbeit schien ihm in der Situation, in der er sich befand, verwehrt.
Liebe ist uns nie verwehrt.
»Ich werde trotzdem nicht aufhören, das Leben zu lieben«, war ein Wort von ihm aus jenen Tagen.
Wohin würde diese Liebe ihn wohl führen?

Im Abendrot

*Du führst mich hinaus ins Weite
und machst meine Finsternis hell.*
Die Bibel

Sie hieß nicht Angela, obwohl Reinhold im Tiefsten nach ihr gesucht haben mag. Sie hieß nicht Ulrike, wenngleich wir sie hier so nennen wollen, Goethes Marienbader Elegie und Ulrike von Levetzow zuliebe.
Sie war ebenfalls Karlsruherin und vor den Bomben aufs Land geflüchtet. Sie hatte Reinhold schon mehrere Male getroffen, vor allem in dem Landstädtchen Kupferzell, wo sie wohnte. Er konnte die Anmut der blonden jungen Frau nicht sehen, aber er wird sie gefühlt haben.
Der Funke sprang über, als beide im Herbst des Jahres 1945 während eines zufälligen Beisammenseins freudlos von der Zukunft sprachen.
Mir ist das All / ich bin mir selbst verloren, heißt es beim alten Goethe. Die zwei verschiedenartigen Menschen empfanden, jeder auf seine Art, etwas von dieser Verlorenheit und der großen Sehnsucht nach wirklichem Leben.
Der entwurzelten jungen Ulrike offenbarte sich die einfühlsame Zuwendung des so viel älteren Mannes wie ein erblühender Garten. In den kurzen Monaten ihrer Begenung rief er den eigenen schöpferischen

Reichtum in ihr wach, so daß diese intensive Zeit noch in ihr nachschwang, als sie eine alte Frau geworden war.
Reinhold selbst wurde von staunender schmerzlicher Erschütterung berührt. Das Paar verbarg übrigens seine gegenseitige Zuneigung nicht, und wir alle waren voller Verstehen für das, was hier aufgebrochen war. Doch schon bald legte sich ein hauchzarter Schleier von Wehmut über den Sechzigjährigen. Ich sehe den alternden Mann und die junge Frau noch vor mir, wie sie durch den herbstlichen Garten wanderten. Die ersten lautlos fallenden Blätter und der Geruch des sterbenden Laubes schienen wie von einer leisen Trauermusik durchwoben. Vergehende Spuren im Rascheln der Blätter... Mir war seltsam zumute, und ich steckte voll heimlicher Fragen.
Noch ehe die Welt winterkalt geworden war, erreichte mich eine Antwort. Es war an einem farbig leuchtenden Oktobermorgen, als ich mit Reinhold durch unsere Obstwiese ging, um im Gras noch ein paar frische Nüsse zu entdecken, die er besonders gerne aß. Unter einem weit ausladenden Apfelbaum blieb er stehen und sagte fast schüchtern:
»Ich habe heute nacht im Gedanken an Ulrike ein kleines Herbstlied verbrochen und es sogleich vertont. Es ist eine zweistimmige, romantische, getragene Melodie. Ihre Schwägerin und Sie könnten das Lied gewiß sehr schön singen.« Und er sprach den Text:

Horch, wie ein krankes Kind
klagt's in den Buchen,
Blätter, verweht vom Wind

weinend sich suchen.
Alles vergeht,
alles verweht,
welkende Blätter...
Es ist zu spät...

Was will der Sonnenstrahl
hinter den Wolken?
Sucht er ein letztes Mal
ihnen zu folgen?
Alles vergeht, alles verweht...
Sonne ach Sonne...
es ist zu spät...

Mit einem fast weise zu nennenden Lächeln stand er unter den herbstlichen Zweigen. Altweiberfäden spannten sich als tauglänzende Perlenketten von Strauch zu Strauch, und die ersten Herbstzeitlosen lugten aus dem kurz gewordenen Gras.
»Es ist zu spät...« wiederholte er, und trotz meiner Jugend spürte ich, wie er der Kostbarkeit des entgleitenden Lebens nachtrauerte. Zu späte Erfüllung einer Sehnsucht? Ach nein, er wußte, daß die Sehnsucht nach vollkommener Liebe auf dieser Erde, so wie sie nun einmal ist, kaum gestillt werden kann. Das gehört zu den Rätseln unseres Menschseins, auf die wir keine Antwort wissen.

Es gelang ihm übrigens sehr bald überraschend gut, die aufgeflammte Leidenschaft in eine klare Vater-Tochter-Beziehung zu verwandeln. Ulrike unterstützte ihn darin, und manchmal bekam ihre Anhäng-

lichkeit nun fast etwas Mütterliches. Sie war es schließlich, die sich tatkräftig um eine Wohnmöglichkeit in Karlsruhe bemühte. Sie reparierte ihre kleine Wohnung in der Berckmüllerstraße und kämpfte um ein Dachzimmer im gleichen Haus. Dort konnten Reinhold und Marie unterkommen, während Luise sich mit ihrer Schneiderei auf dem Kurtzenhof nützlich machte.
Und Marie Walter? Sie war still geworden. Sie mochte für Ulrike längst jenseits von Gut und Böse sein (was in Wirklichkeit kaum jemals der Fall ist). Vielleicht war sie zu kraftlos, um Widerstand zu leisten. Vermutlich erkannte sie Reinholds Bemühungen. Es fiel uns auf, daß er die alte Frau mit besonderer Achtung und Geduld umgab.

Nach Karlsruhe zurückgekehrt, wurde er sofort für die verschiedensten Aktivitäten vereinnahmt. Der Karlsruher Kammerchor war dankbar, bei seinen Aufführungen wieder einen tragenden Baß zu haben. Reinhold befreundete sich in diesem Kreis nun tiefer mit dem Kaplan Clemens Weis, dessen glänzende Bildung und hohe Musikalität er als bereichernd empfand. Auch wurde er mehr, als ihm lieb war, ins Karlsruher Konzertleben eingebunden. Er schrieb:

Wir hatten dieser Tage eine ausgezeichnete Aufführung unseres Kammerchores. Kein Volk auf der Welt kann je etwas Besseres bieten, komme es, aus welchem Erdteil es wolle.

Mich freute diese Bemerkung insofern besonders, als Reinhold oft bitter scharfe Worte über Deutschland

gefunden hatte. Seine Bemerkung: *Es reimt auf ›Deutsche‹ sich nur das eine Wort: die Peitsche!* war eine Zeitlang fast so etwas wie ein geflügeltes Wort gewesen. Jetzt aber stand er zu seinem Volk, das entsetzt, ja, fast ungläubig von den Untaten erfuhr, welches es verblendet und unwissend zugelassen hatte. (Die gut getarnte Tatsache »Auschwitz« hat Reinhold in ihren Ausmaßen glücklicherweise nicht mehr erfahren.)
Ein andermal schrieb er:

Neulich waren wir übrigens hinter Stacheldraht und haben unter schärfster Bewachung in einem SS-Lazarett und in einem SS-Gefangenenlager altdeutsche Lieder gesungen. Der Beifall war außergewöhnlich. Und Paul Wehrle ist einfach ein Teufelskerl!

An Ulrikes Geburtstag, Ende November, legte er ihr ein Sonett neben das Blumengedeck, dessen letzte Zeilen bereits etwas von der Überwindung des irdisch Vergänglichen aussagen.

> *So sei gesegnet, Kind, für alle Liebe!*
> *Christus ist mit dir, der in höchster Not*
> *sich hoch erhoben über Raum und Zeit,*
> *wo die Vergänglichkeit, das Weltgetriebe*
> *als Rauch hinschwinden; wo Geburt und Tod*
> *nur Bilder sind aus Gott und Ewigkeit.*

Was ging in ihm vor? Er konnte doch nicht wissen, daß ihm nur noch wenige Wochen auf dieser Erde gegeben sein sollten. Oder lebte doch eine Ahnung davon in ihm?

»In allen unseren Gesprächen«, sagte später Clemens Weis, »waren wir immer sofort beim Absoluten, im Ewigen.«
Sein letzter Brief an mich an Silvester 1945 stimmt mich heute nachdenklicher als damals:

Karlsruhe, 31. Dezember 1945

Liebe Charlotte!
Eine Ihrer Weihnachtszigarren angezündet habend, benütze ich den letzten Tag im Jahr des Friedens 1945, um mich für Ihr Päckchen zu bedanken und Ihnen und den Ihrigen ein gutes Neues Jahr zu wünschen.
…Ich weiß nicht, wie es mit mir weitergeht. Äußerlich bin ich mit dem Konzertbetrieb und dem Kammerchor in ein Räderwerk geraten, aus dem ich mich nicht lösen kann, ohne störend – oder gar zerstörend zu wirken. Aber innerlich fühle ich mich ständig nur in der Rolle des Zuschauers, immer außerhalb dieser Welt. Dieser Zustand ist mir manchmal recht unheimlich.
…Ist es deshalb, weil ich keinen rechten äußeren Boden unter den Füßen fühle? Früher, als ich noch sagen konnte: das ist mein Zuhause, mein Bett, mein Stuhl, mein Tisch, da war es zwar auch manchmal da, dieses: du glaubst zu schieben, und du wirst geschoben. Aber, wie ich nachträglich erkenne, nur als Vorstellung. Nicht als Wirklichkeit. Ich weiß nicht, welcher Wind mich faßt und wohin er mich wehen wird…
Aus Freiburg bekam ich dieser Tage die Anfrage, ob ich mich für die Gründung und Leitung eines Blindenheimes in Donaueschingen interessiere. Näheres soll ich nach den Feiertagen erfahren. Sollte da noch eine Aufgabe für mich bereitstehen? Sie hat viel für sich und viel gegen sich. Wie gesagt,

ich lasse »es« auf mich zukommen und lasse »es« mit mir geschehen...
Und dann habe ich doch nochmals eine kleine Komposition versucht. Ein Herbstlied für eine Singstimme und Klavier. Walter Schwan sagt, es sei gut...
Was sagen Sie zu dem Text? Ein Priester namens Küppers hat ihn gemacht. Frau Weymann, eine hiesige Sängerin, kennt ihn. Auch wenn das Gedicht nicht aus meiner Feder stammt, so ist es doch zur Zeit ein Stück von mir.

Wenn die Herbstzeitlosen in den Wiesen stehn,
jene kranken, violetten Blüten
und die grauen Nebel leis vorüberwehn,
langsam, so, als ob sie sich verfrühten –
weiß ich, was auch Großes je mein Herz gedacht,
was mir eigen ward in mühsamem Beginnen,
alles, alles wird – vielleicht schon über Nacht –
wie des Traumes Seligkeit zerrinnen.
Dann am Ende, wenn die Sonne sinkt,
ehe noch dem Aug' entfällt ihr goldner Schein,
warte ich vergebens, daß ein Freud mir winkt.
Und den Weg ins Dunkel gehe ich allein.

Ja, so ist das. Jetzt kommt 1946. Welch ein Jahr liegt vor uns... Wie sagte man noch vor zwei Jahren? Laßt uns den Krieg genießen, denn der Friede wird fürchterlich... Hunger, Kälte, Heimatlosigkeit...
Deshalb kreise ich zur Zeit beständig um ein Christuswort: »In meines Vaters Hause sind viele Wohnungen.« So, denke ich, wird es auch für mich merkwürdigen Kauz dort eine Wohnung geben. Den Weg ins Dunkel gehe ich allein. Aber ich bin des festen Glaubens, daß die Macht, die mich in die

Welt hereingebracht hat, mich auch wieder gut hinausbringen wird.

In Gedanken viel bei Ihnen allen
auch im Neuen Jahr
Ihr alter
R. Sch.

Mitte Januar besuchte Reinhold allein seine Schwester Luise, um sich auf dem Kurtzenhof wieder einmal satt zu essen. Dr. Cahn schickte zwar an ihn und viele altbekannte Karlsruher große Lebensmittelpakete aus Amerika, aber sie reichten dennoch nicht aus.
Am Nachmittag des 22. Januar machten die Geschwister einen Gang ins Kupferzeller Pfarrhaus, wo sie sich mit der Familie des Pfarrers Schumacher angefreundet hatten. Es dämmerte bereits, als sie sich wieder auf den Heimweg begaben. Reinhold war sehr angeregt von der Unterhaltung und führte sie im Selbstgespräch weiter. Luise hörte geduldig zu. In der Mitte der Wegstrecke hielt er inne.
»Weißt du noch, Luise, daß wir genau vor einem Jahr denselben Weg gingen – voller Angst vor dem Kriegsende? Ich arbeitete gerade an einem Lied für Herrn Heges 60. Geburtstag. Erinnerst du dich an den Schluß, mit dem ich mich plagte:

Tod – ob er nah, ob fern,
was sollt' ich beben?
Mir ist er Tor zum Herrn,
zu ew'gem Leben.

So getrost, wie ich das gedichtet habe, kann ich es eigentlich für mich selbst noch immer nicht sagen.«
»Du sprichst, als seist du schon halb im Jenseits«, bemerkte Luise. »Dabei hast du jetzt aufzupassen, denn hier ist der Weg schlecht. Vorsicht!«
Unbeirrt fuhr er fort:
»Ich denke jetzt oft dem Wort ›Heim-suchung‹ nach: Ich suche nach dem Eigentlichen. Und ich weiß zur Zeit kein besseres Wort dafür als: heim, heim...«
In diesem Augenblick geschah es: Beim Überqueren der Autostraße wurden beide von einem rasch nahenden amerikanischen Jeep erfaßt. Luise war nur leicht verwundet, aber Reinhold schien innere Verletzungen zu haben.

Im nahen Kupferzell war eine Landfrauenschule als Notlazarett umfunktioniert worden. Der erschrockene Amerikaner brachte die Verletzten sofort dorthin. Nach einigen Tagen aber wurde die Überführung ins Diakonissenkrankenhaus Schwäbisch Hall notwendig. Man schob die beiden Betten in ein gemeinsames Zimmer.
»Jetzt ist's wieder wie in unserer Kinderzeit«, sagte Luise lächelnd.
»Ja, so schließt sich der Kreis«, stammelte er.

Bei meinem Krankenhausbesuch erkannte ich sofort, daß Reinhold verändert war. Das Sprechen fiel ihm schwer, doch versuchte er immer wieder, mir zu erklären, daß er durchaus versöhnt sei mit seinem Geschick, daß er den Gang der Dinge verstehe und keine Angst mehr vor dem Sterben habe.

»Die Seele ist willig, aber der Bruder Leib...« flüsterte er. Ich sagte ihm, daß er im gleichen Stockwerk sei, in welchem wenige Jahre zuvor meine Mutter gestorben war. Das schien ihm wohl zu tun.
Bestürzt und erschrocken kamen Frau Walter und Ulrike aus Karlsruhe angereist. Sie sorgten für einige Verwirrung bei den guten Diakonissen, denn damals gab es noch strenge Besuchszeiten, und auch diese Einschränkungen hatten ihre guten Seiten; sie brachten nicht so viel Unruhe in die Krankenzimmer. Marie und Ulrike richteten sich nicht danach, und man bat sie deshalb, ihre verwandtschaftlichen Beziehungen zu dem Kranken zu klären. Darüber gerieten sie in Meinungsverschiedenheiten, denn jede wollte ihm die nächste sein. Schließlich entschied die junge Diakonisse energisch:
»Sie sind weder verwandt, noch verschwägert. Sie dürfen gerne zu den üblichen Besuchszeiten kommen. Aber in der übrigen Zeit braucht der Patient seine Ruhe!«
Sie sagte es mit gutem Gewissen. Da nämlich Luise zunächst noch mit im Zimmer war, ergab sich eine höchst spannungsgeladene Atmosphäre zwischen den Dreien. Kein Wunder, daß der Schwerkranke, wie die junge Diakonisse genau beobachtet hatte, in Gegenwart der drei so grundverschiedenen Frauen unruhig wurde.

Wenige Tage später kam Frau Walter allein zu mir. (Luise war in ein anderes Stockwerk verlegt worden). »Jetzt wird es ernst«, sagte sie. »Ich habe mit der Schwester gesprochen, Sie sind ja gut bekannt mit ihr.

Da nun immer jemand um ihn sein sollte, hat sie nichts dagegen, wenn Sie die ganze Zeit bei ihm bleiben. Werden Sie es tun?«
Frau Walter machte einen zutiefst erschöpften Eindruck. Sie wußte, sie würde es allein nicht durchstehen. Aber dieses Letzte nun Ulrike zu überlassen – das brachte sie nicht übers Herz. Ein dritter Mensch, der Reinhold gut kannte, war ihr lieber. Das begriff ich sofort, und so trat ich denn in der Morgenfrühe des nächsten Tages an das Bett des Sterbenden und löste die Nachtwache ab.

Nun war ich allein mit dem schwer Atmenden. Kann man je einen Menschen wirklich erreichen? Er war ohne Bewußtsein. Nein, es war kein leichter Kampf; der kräftige, bisher vollkommen gesunde Körper wehrte sich gegen den Tod. Würde ich alles recht machen? Ich war noch jung und unerfahren. In manchen Augenblicken war ich von tiefer Angst erfüllt, besonders, wenn Reinhold unruhig wurde und heftig hustete.
Die Zeit dehnte sich. Der Chefarzt, Dr. Dürr, kam zur Visite und stellte fest, daß bald mit dem Ableben zu rechnen sei. Viele Gedanken und Empfindungen berührten mich in diesen langsam schleichenden Stunden beim Vergehen eines solch groß angelegten Lebens. Der Tod ist voller Rätsel. Nicht einmal ein Gebet brachte ich zustande. Ich war froh, als mit Beginn der Besuchszeit Frau Walter und Ulrike leise eintraten. Der Todkranke war inzwischen weit fort, auch wenn sein harter, langsamer Atem sehr nahe war. Wir sollen nicht meinen, daß wir das Geheimnis einer

Menschenseele ergründen können. Dann entfloh das Leben. Die Schwester trat ans Bett.
»Diesmal muß ich erstmals keine Augen zudrücken«, sagte sie still, »sie sind schon lange für immer geschlossen. Welch ein Leben mag das gewesen sein!«

Ich brachte die alte Frau Walter zum Kurtzenhof. Mir war fast ehrfürchtig zumute, als ich sie die Treppe zu ihrem Zimmer emporgeleitete. Eine entsagungsvolle Aufgabe war abgeschlossen, die trotz vieler menschlicher Schwächen mit letzter Hingabe erfüllt worden war. Sie sagte nichts, was von Bedeutung gewesen wäre, sie weinte nicht. Es schien mir, als sei auch in ihr vieles für immer gestorben.

Die Bestattung fand auf dem ländlichen Friedhof von Kupferzell statt; Reinholds Ruhestätte war nicht weit vom Kurtzschen Familiengrab entfernt.
Erst jetzt zeigte sich, wie viele schlichte Menschen in Kupferzell eine Beziehung zu dem Blinden gewonnen hatten. Sie trauerten aufrichtig um ihn; es war seine besondere Gabe gewesen, sowohl hochgebildete als auch einfache Menschen zu erreichen. Er hatte jeden Einzelnen, ob jung oder alt, reich oder arm, hoch oder niedrig, ganz ernst genommen.
Es wurde die fröhlichste Beerdigung, die ich je erlebt habe, und das war ganz in seinem Sinn. Der kleine dörfliche Chor, dem er oft als Stütze gedient hatte, setzte alle Kräfte ein, um ihm ein würdiges Abschiedslied zu singen. Aber die Bemühungen waren nicht von Erfolg gekrönt. Schon das Anstimmen klappte nicht, und dann sang jede Stimme einen hal-

ben Ton daneben; im Suchen nach dem richtigen Akkord verstärkten sich die Mißtöne. Es klang so schaurig schön, daß es selbst meinem in solchen Situationen überaus beherrschten Vater nicht gelang, ernst zu bleiben. Zum Schluß sang der Trauerchor seinen Text noch zu einer völlig verkehrten Melodie. Alles lief so herrlich verkorkst, daß man meinte, Reinholds schalkhaftes Schmunzeln über den Wolken zu spüren. Es war, als würde er sagen:
»Ob solche Dissonanzen im Äther je einmal ihre harmonische Auflösung finden? Macht nichts! Auf ein paar mehr oder weniger falsche Töne kommt's nicht an! Halten wir es mit Paul Gerhardt: *Der aber, der uns ewig liebt, macht gut, was wir verwirren.* Ich bin zuversichtlich, daß er eure Mißtöne so gut wie die meinigen harmonisch in seiner großen Weltmusik unterbringen wird.«

Viele Karlsruher Freunde, die der Zeitumstände wegen nicht hatten kommen können, wünschten sich im Gedenken an den Heimgegangenen noch eine Nachfeier. Aus seinen Gedichten, Liedern und Prosaskizzen stellten sie im beginnenden Frühling eine stilvolle Abendstunde zusammen. Gustl Schön trug mit ihrer herrlichen Stimme einige seiner Lieder vor. Kaplan Clemens Weis hielt die Gedenkrede, und man spürte dem in seinen Gefühlen verhaltenen Priester viel bewegte Teilnahme ab.
»Er war einer der ganz wenigen«, sagte er unter anderem, »der hinter die Dinge sah, der wesentlich dachte, der gegen alles Geschrei der Masse sprach und sich nie von Modeströmungen einfangen ließ. Als tief religö-

ser Mensch durchschaute er die Vorläufigkeiten der Welt. Wir haben viel miteinander gesprochen, auch über das Wesen der katholischen Kirche, der er nahestand, ohne ihr anzugehören. Eine Scheu hindert mich, mehr darüber zu sagen.
Je tiefer man in dieses Leben hineinschaut«, schloß der Redner, »desto deutlicher sieht man, wie Gott ihn Schritt um Schritt aus aller Verkettung in diese Zeitlichkeit herausgelöst hat, Zelt um Zelt ihm abgebrochen, Welt von ihm gelöst und ihn von der Welt gelöst, Station um Station ihn heimgeführt in die ewige Vollendung, in der wir ihn im Glauben geborgen wissen.«
Nach beendeter Feierstunde sah ich noch flüchtig, wie Luise und Marie still und bescheiden, wie sie gekommen waren, zusammen den Saal verließen. Kaum einer der Anwesenden beachtete sie. Beide hielten einander und gingen mühsam und gebeugt. Zwei Frauen, ohne deren Opfer Reinhold kaum etwas von dem hätte schaffen können, was so stark in uns allen nachklang. Unsichtbar reihten sie sich nun ein in die große Zahl opferbereiter Frauen aus allen Jahrhunderten, deren Wirken unbeachtet blieb. Und sie, die einander so schwer hatten annehmen können, waren jetzt froh, daß sie sich gegenseitig stützen konnten.

Eine Abschiedsstunde besonders feiner Art hatte ich mehrere Wochen später mit dem Stuttgarter Freund Robert Bayer, der weder nach Kupferzell noch nach Karlsruhe hatte kommen können. Er stellte eine Blumenschale vor des Einsamen Grab.
Auf unserem gemeinsamen Heimweg zogen sie im

Gespräch alle noch einmal an uns vorüber, die auch Robert meistenteils persönlich oder aus Erzählungen gekannt hatte: die Mutter Anna Barbara und die Schwester Luise, die Putzfrau Christiane und Schwester Else, der Lehrer Urlaub, die Herzogin Wera und Julius Klengel, Marie Walter und der Gesangspädagoge Georg Armin. Wir berührten im Gespräch flüchtig das Jaköble, von dem auch Robert Bayer nichts wußte, wir dachten an Angela, an Dr. Cahn, an die beiden Priester, an Reinhold Schneider und den Kantor Walter Schwan, an Gustl Schön und an die Großherzogin Luise. Ja, auch die Hündin Bella hüpfte mit in diesem langen Zug der Begegnungen. Reinhold hatte einmal scherzhaft von ihr gesagt: »Ihr Schwanz wedelt immer in meinem Herzen«. Auch die Kurtzenhöfer und wir gehörten dazu. Und noch viele, viele...

Über den uns nicht bekannten amerikanischen Soldaten und sein unvorsichtiges Fahren sprachen wir lange. Dennoch schien uns, als würde hinter diesem Unglück ein merkwürdiger, geheimer Plan erkennbar. Bei allem Unvollkommenen, Bruchstückhaften in Reinholds Leben war es für uns durchaus nicht abgebrochen, sondern irgendwie vollendet, abgeschlossen. Wir fragten uns, ob dieses Geschehen den jungen Mann aus Amerika überhaupt innerlich berührt habe. Da wir Deutschen in jener Zeit unendlichen Demütigungen ausgesetzt waren, nahmen wir es nicht an.

Erst ein halbes Jahrhundert später erhielt ich Antwort auf meine Fragen. Der längst verjährte Unfall hatte das Leben des damals noch sehr jungen Mannes mehr geprägt, als er selbst ahnen konnte. Und wieviel hat er bei mir dadurch in Bewegung gebracht!

Keiner von uns weiß, was er wirkt, sagt der von Reinhold verehrte Albert Schweitzer, *es ist für uns verborgen und soll es bleiben.*
Längst sind sie verklungen, die vielen Lieder, die wir damals mit Reinhold Schaad gesungen haben. *Vergänglichkeit* hat J. P. Hebel sein großes Gedicht genannt; Reinhold hat es besonders geliebt, vor allem, wenn ein Kenner alemannischer Sprache es ihm vortrug. Vergänglichkeit – es trifft uns alle.

Inzwischen stehen wir an den Ufern eines neuen Jahrtausends. Was würde Reinhold Schaad wohl sagen, wenn er die Bilderfluten in unseren Wohnzimmern oder die Autoschlangen auf unseren Straßen erleben könnte? Wenn er um Kriege, Katastrophen, Korruptionen und moderne Völkerwanderungen wüßte? Um den Zusammenbruch des Sozialismus und um den heimlich schwelenden Ausländer- und Judenhaß? Um elektronische Bücher, Computer und schwindelerregende Genforschungen? Um Fußballschlachten und unsere babylonischen Glaspaläste?. Mammon regiert die Welt noch immer. Würde er mit Saint-Exupéry sagen: »*Wenn man bloß ein Dorflied aus dem 15. Jahrhundert hört, ermißt man den inneren Abstieg…*«
Nein, ich glaube nicht, daß er so sagen würde. Trotz manch beängstigender Entwicklung würde er an die Kraft und an den Sieg des Guten glauben. Er würde seine Hoffnung auf die Jugend setzen und deshalb auf eine Zukunft. Das tat er immer.

Am besten lassen wir ihn mit seinen eigenen Worten erwidern. In einem seiner frühen Marionettenspiele *für Kinder jeden Alters* hat er im Prolog einige Gedanken in Reime gefaßt, die typisch für ihn sind. (So richtig »erwachsen« würde er nämlich unser Treiben mit seinen vielen aufgebauschten Belanglosigkeiten nicht finden).
In diesem Spiel vom »Deutschen Michel« läßt er eine reizende, kleine Puppe sagen:

Nehmt nur nicht so wichtig das »Heute« und »Hier«!
Was immer die »Großen« auch reden,
so hängen sie dennoch, gerade wie wir,
an ewig verborgenen Fäden.
Dort zappeln sie hin und zappeln sie her,
tun wichtig mit Freuden und Leiden.
Verstünden sie nur mal das »Wie« und das »Wer«,
sie würden sich eher bescheiden.
Ein Kreislauf ist alles, das lehrt die Natur,
im Ganzen, in einzelnen Dingen.
Meint Einer, er sei auf der neuesten Spur
und könnte den Erdball bezwingen,
entdeckt er mit wehmutsvoll wissendem Blick:
Wir kreisen – wir kommen nicht weiter.
Es bleibt wohl der irdischen Weisheit Geschick:
die Menschheit wird schwerlich gescheiter.
Bei allen Erforschungen, wissend und klug,
verbleiben stets mühsame Reste.
Drum riet mir ein Weiser, den ernsthaft ich frug:
Lernt lachen! Humor ist das Beste!
Reinhold Schaad (1927)

Inhalt

Der Gast	7
Erste Schritte	13
Lange Tage	21
Blinde Kuh	30
Das kleine Cello	40
Luise	51
Die Herzogin Wera	62
Sybille	72
Zu neuen Ufern	82
In Leipzig	92
Schicksalswende	104
Platzwechsel	116
Der Erste Weltkrieg	129
In Berlin	137
Angela	145
Die Hündin Bella	154
Erste Begegnung	161
Im Dritten Reich	172
Innere Emigration	185
Die Messe	194
Der Einsame aus Freiburg	207
Ausgebombt	214
Der Torso	222
Im Abendrot	231

Charlotte Hofmann-Hege

Alles kann ein Herz ertragen
Die weite Lebensreise der Elisabeth Thiessen

192 Seiten, Taschenbuch
Bestellnummer 113963

AUCH ALS BRUNNEN HÖRBUCH ERHÄLTLICH

2 MC, Gesamtspielzeit ca. 200 Minuten
Bestellnummer 198707

Elisabeth, ein fünfzehnjähriges, unbeschwert-fröhliches Mädchen, reist im Frühjahr 1912 mit der Familie ihres Onkels nach Rußland. „Es ist ein wunderbares Land", schreibt sie in ihrem ersten Brief - nicht ahnend, daß sie ihre Heimat erst nach 55 Jahren wiedersehen sollte. Sie wird ein Opfer der politischen Umwälzungen in Rußland, muß unter anderem mehr als dreißig Jahre in sibirischer Verbannung leben.

BRUNNEN VERLAG GIESSEN

Christian Ryke

Wie die Orgelpfeifen

160 Seiten, Hardcover
Bestellnummer 111661

Sie waren elf Kinder und ein Hund ... Und wenn ein Besuch beim Fotografen angesagt war, um ein Familienfoto machen zu lassen, dann war das mit schier unlösbaren Schwierigkeiten verbunden. Herzerfrischend zu lesen sind die Erinnerungen des Autors an sein Elternhaus. Christian Ryke schildert das bunte, abwechslungsreiche Leben einer Pfarrerfamilie auf dem Lande vor mehr als einem halben Jahrhundert mit feinfühligem Humor und einem sicheren Blick für menschliche Originale. Es sind nachdenklich stimmende und heitere Geschichten von den Pflichten und Streichen im Geschwisterkreis, aber auch von den Sorgen der Eltern, die ihren Kindern keine Reichtümer geben, wohl aber ein liebevolles Zuhause schenken konnten. Ein Zuhause, in dem das Vertrauen auf Gottes Hilfe stets im Mittelpunkt stand.

BRUNNEN VERLAG GIESSEN

Leseprobe

Musica sacra

Es ist nun endlich an der Zeit, daß ich des wichtigsten Erziehungsmittels gedenke, dessen sich meine Eltern bedienten, der Musik!
Zur Musik mußten wir nicht gezwungen werden. Sie war der Brunnen, aus dem täglich aufs neue Freude und Erquickung floß. Sie war das Bad, in dem wir sommers wie winters, sonntags wie alltags, schwammen, ohne müde zu werden. Unser Haus hatte viele Zimmer, in jedem wurde musiziert. Im Musikzimmer übte Eva ein Klavierkonzert, im Jungenzimmer blies Thomas elegisch Mundharmonika, auf dem Boden übte Johannes auf dem Flügelhorn schwierige Triolen, und aus Vaters Studierzimmer tönten die Klänge des Waldhorns. Es war wirklich kein Sanatorium für Nervenschwache!
Da Vater Posaunengeneral und Landesobmann der Posaunenmission war, überdies Mitglied des berühmten Pastorensextetts, hatte die Posaunenmusik den Vorrang vor jeder anderen Musik. Die „musica sacra", voran die herrlichen Choralsätze Johann Sebastian Bachs, war unsere Leib- und Magenspeise. Bachs Fugen, Kantaten und Passionen sind für mich immer der tiefste Ausdruck menschlicher Frömmigkeit und göttlicher Inspiration gewesen und geblieben. Bach redete mit Gott, und Gott redete durch ihn.
Wir hatten auch eine persönliche Beziehung zu Bach. Einer unserer Vorfahren war Trompeter und Ältester der Stadtpfeifer in Bachs Orchester zu Leipzig gewesen. Er hatte selbst eine große Anzahl von Sarabanden und Allemanden geschrieben, Tanzstücke, wie sie zu dieser Zeit üblich waren. Der Rat von Leipzig ließ sein Bild in Öl malen, dessen Kopie in unserem Musikzimmer hing. Ein mächtiger Kopf mit ehrfurchtgebietender Perücke. Die rote Nase zeugte von Le-

benslust und Trinkfestigkeit. In der Hand des Komponisten sah man ein Notenblatt, auf dem eine äußerst schwierige Passage zu erkennen war. Unter dem Arm trug er ein vielfach gewundenes Instrument, eine Trompete, die ohne Ventile geblasen wurde, ein sogenanntes Clarin.

Wir haben oft versucht, mit unseren modernen Flügelhörnern mit drei Ventilen die Passage nachzublasen, es ist uns nicht gelungen. Allerdings scheint es so, als ob auch unser Ahnherr mit dieser Passage nicht recht fertig geworden ist. Denn wie seine Lebensgeschichte erzählt, starb er infolge einer Überanstrengung beim Blasen.

Das Blasen war bei uns also sozusagen angeboren und als Geschenk der Musen in die Wiege gelegt worden. Wir konnten alle blasen, auch die Mädchen. Bei der Taufe Benjamins des Jüngsten, war auch Bischof D. zugegen. Ich sehe noch heute das maßlos erstaunte Gesicht des hochwürdigen Herrn, als sich gegenüber der Festtafel die Tür öffnete und das komplette Familienorchester sichtbar wurde, die blitzenden Hörner und Posaunen in den kleinen Händen. Denn blasende Engel wie Betty, Margrit und Maria hatte er bestimmt noch nicht gesehen. Vor allem Betty glänzte durch die mehr machtvollen als reinen Töne, die sie ihrem Tenorhorn entlockte.

Hierin glich sie Georg, der mit seiner Zugposaune auch nicht leicht fertig wurde. Er hatte einen guten „Ansatz", aber die Synkopen, von denen es gerade in Bachs und Johann Eckards Choralsätzen wimmelt, waren seine Schwäche. Sie kennen doch das alte Rostocker Kirchenlied „Allein Gott in der Höh sei Ehr"? Dieser herrliche Choral wurde rhythmisch gesungen und gespielt. Meist bliesen wir im Sextett, und Georgs Zugposaune hatte den Part des Generalbasses zu übernehmen. Wenn dann Johannes' Sopranhorn sich jubelnd in die Höhe schwang, über ihm noch Vaters Waldhorn als Oberstimme, geschwisterlich begleitet von unseren Alt- und Tenorhörnern, dann „patzte" Georg regelmäßig an der entscheidenden Stelle, und Vater raufte sich die Haare. Noch schwieriger war das alte Adventslied „Es kommt ein Schiff geladen" oder Bernhard von Clairvaux' ergreifendes Kreuzigungslied „Salve caput cruentatum", wunderbar übersetzt und weitergedichtet vom größten Liederdichter der evangelischen Kirche, Paul Gerhardt, in: „O Haupt voll Blut und Wunden, voll Schmerz und voller Hohn, o Haupt zum Spott gebunden mit einer Dornenkron."

Ja, auch beim Blasen ist noch kein Meister vom Himmel gefallen, das haben auch wir erfahren. Aber wir hatten ja den unermüdlichsten Lehrer, der je ein Blasinstrument in der Hand hatte. Sein bestes Lehrmittel war das eigene Beispiel. In aller Frühe weckte uns Vaters Morgenchoral, bei der Morgenandacht begleiteten unsere Posaunen den Familiengesang, zu den Mahlzeiten und wichtigen Begebenheiten rief Vaters Hornsignal, und wohl niemals gingen wir schlafen, ohne mit einem schönen Abendlied unserem Herrgott für den verflossenen Tag zu danken.

Dazu kamen die Übungsstunden, zwei- oder dreimal in der Woche, die gewöhnlich nach dem Abendessen stattfanden. Da wurde ein guter „Ansatz" geübt, die Stellung des Mundes, um einen reinen und vollen Ton zu erzielen. Wir lernten, daß man nicht mit vollen Backen in das Mundstück blies, sondern im Gegenteil mit angespannter Mundpartie ins Horn stieß, „als wolle man ein Haar wegpusten". Wir lernten, daß es nicht auf einen lauten Ton ankam, sondern daß ein „pianissimo" bei weitem schwerer zu erzielen war. Kurzum, wir bekamen eine Grundschule des Blasens, die ohnegleichen war. Und auf Vaters „Freizeiten", die weit und breit berühmt waren, haben Hunderte junger und alter Bläser die schwierige Kunst des Blasens erlernt.

Nur wenige wissen, daß das Blasen wohl überhaupt die Urform menschlicher Tonkunst darstellt und noch fast bis in die Neuzeit, wo die Hörner von den Streichinstrumenten verdrängt wurden, als vornehmste und edelste Ausdrucksform der Musik galt. Von der Hirtenflöte über die Posaunen von Jericho bis zu dem mächtigsten Blasinstrument, der

Orgel, ist allerdings ein weiter Weg, und erst in diesem Jahrhundert hat sich die Kirche des Gebotes der Bibel erinnert: „Lobet den Herrn mit Posaunen!"
Die abendlichen Übungsstunden waren für uns ein Quell unausschöpflicher Freude und Heiterkeit. Nicht nur Georgs arrhythmisches Gefühl, das ihn mitten während eines Pausenzeichens mit mächtigem Schall ins Horn stoßen ließ, war der Grund dafür. Unvergeßlich wird mir die seltsame Kritik des kleinen Benjamin bleiben, als er zum ersten Mal, auf dem Sofa sitzend, einem Blaskonzert der Brüder beiwohnen durfte. Bereits nach kurzer Zeit erklärte er, die mächtigen Posaunentöne verursachten ihm Beinschmerzen! Unnachahmlich bleibt Vaters Handbewegung nach Schluß des Konzertes, wenn er nach dem Blasen die Spucke aus den Zügen seines Waldhorns entfernte und schmunzelnd verkündete: „Die Spucke ist das feinste Öl!"
Der begabteste und treueste Bläser war Johannes. Ihm gelang jener reine und süße Ton, der nicht allein Übungssache ist, sondern bei dem auch der Genius Pate stehen muß.
Ich denke da an jene Aufführung der Matthäus-Passion, bei der der Dirigent die herrliche Stelle, an der sich der Choral „O Lamm Gottes unschuldig" wie eine himmlische Taube über das Grundthema erhebt, von zwei Flügelhörnern blasen ließ. Georg und Johannes waren die Auserwählten, und ich sehe noch heute die Tränen in Vaters Augen, als sich die Stimmen der Sopranhörner in strahlender Reinheit durch das mächtige Kirchenschiff schwangen.
„Sie blasen wie die Engel", flüsterte er leise. Mutter und ich, die wir neben ihm saßen, wußten, daß dies eine der glücklichsten Stunden in Vaters Leben war.
Ich erwähnte schon, daß Vater Mitglied jenes berühmten Pastorensextetts war, das sozusagen die Elite der Posaunenmeister umfaßte und in zahlreichen kirchlichen Feierstunden und Konzerten sein Können unter Beweis stellte.
Dieses Pastorensextett konzertierte auch einmal in der Aula der Fürstenschule, die ich seit meinem zehnten Lebensjahr

traditionsgemäß besuchte. Von den Jüngeren kann heute wohl kaum mehr einer ermessen, welchen Gipfel abendländischer Kultur, Bildung und Erziehung der erklomm, dem es vergönnt war, durch Begabung und Fleiß in eine solche Schule aufgenommen zu werden. Denn nur Begabung entschied, nicht der Geldbeutel des Herrn Papa.

Vor allem war es die Musik, die als Erziehungsmittel und Freudenspenderin hoch geschätzt wurde. Unser Schulorchester wagte sich an schwerste Aufgaben heran, und unser Chor wirkte bei Opernaufführungen mit. Unvergeßlich haftet in meiner Erinnerung das Spiel jenes weltberühmten spanischen Cellisten, dessen edles Instrument unter den Händen des Meisters mit nahezu menschlicher Stimme klagte und jauchzte.

Das Auftreten des Pastorensextetts erregte bei meinen in jeder Hinsicht verwöhnten Mitschülern nur geringes Interesse. Was verstanden nach ihrer Ansicht Pfarrer von Musik. Und dann auch noch Blasmusik?

Das Sextett aber belehrte die Ungläubigen eines Besseren. Als die würdigen Herren mit ihren blitzenden Instrumenten auf dem Podium Platz genommen hatten, an der Spitze der Leiter mit wehendem weißem Bart, am Waldhorn Vater, der verschmitzt zu mir herüber lächelte, lief ein unterdrücktes Kichern durch die Reihen der jungen Musiksnobs.

Aber als die geistlichen Musikanten in meisterhafter Manier und Verve Choralsätze und Volkslieder, Fugen und Sarabanden und zum Schluß den triumphalen Festmarsch aus Händels „Judas Makkabäus" ertönen ließen, da erschütterte donnernder Applaus die Aula, und mein Klassenkamerad Herbert, Sohn eines berühmten Hals-Nasen-Ohrenarztes, gab der allgemeinen Stimmung Ausdruck, indem er mir gewaltig auf die Schulter hieb und mit Stentorstimme brüllte: „Mensch, wie können Pastoren nur so gut blasen!"